LE LIVRE DES PARADOXES

BELFOND/SCIENCES

Collection dirigée par Jean Audouze

Jamal N. Islam
Le destin ultime de l'univers

Paul R. Ehrlich, Carl Sagan, Donald Kennedy, Walter Orr Roberts
Le froid et les ténèbres

Robert T. Rood et James S. Trefil
L'univers : sommes-nous seuls ?

Alexander Borbely
Les secrets du sommeil

Michel et Monique Vieillefosse
Un ticket pour l'espace

NICHOLAS FALLETTA

Le livre des paradoxes

*Traduit de l'américain par
Jean-François Hamel*

PIERRE BELFOND
216, boulevard Saint-Germain
75007 Paris

Ce livre a été publié sous le titre original
THE PARADOXICON
par Doubleday & Co, New York.

Si vous souhaitez recevoir notre catalogue
et être tenu au courant de nos publications,
envoyez vos nom et adresse, en citant ce livre,
aux Éditions Pierre Belfond,
216, bd Saint-Germain, 75007 Paris.
Et, pour le Canada, à Édipresse 1983 Inc.,
5198, rue Saint-Hubert,
Montréal, Québec H2J 2Y3, Canada.

ISBN 2.7144.1789.3

Copyright © Nicholas Falletta 1983

Copyright © Belfond 1985 pour la traduction française

SOMMAIRE

Introduction ... 11

1. PARADOXES VISUELS
1. Les figures ambiguës ... 17
2. Les figures impossibles ... 27
3. Les paradoxes d'Escher ... 37
4. Les paradoxes de la perspective ... 47
5. Les illusions d'optique ... 64
6. Les disparitions géométriques ... 78
7. Les paradoxes topologiques ... 84

II. PARADOXES DE L'INFINI
8. Le paradoxe du batracien ... 95
9. Le paradoxe de l'hôtel infini ... 100
10. Les paradoxes de Zénon ... 109

III. PARADOXES LOGIQUES
11. Le paradoxe du barbier ... 127
12. Le paradoxe de l'hétérologie ... 132
13. Le paradoxe du menteur ... 137
14. Le dilemme du crocodile ... 149
15. Le paradoxe de l'avocat ... 152
16. Le paradoxe du boutiquier ... 157

IV. PARADOXES SCIENTIFIQUES
17. Le paradoxe des corbeaux ... 163
18. Le paradoxe du « vleu-bert » ... 169
19. Les paradoxes temporels de la relativité ... 174

V. PARADOXES DU CHOIX ET DE LA PRÉVISION
20. Le paradoxe de l'interrogation surprise ... 187
21. Le paradoxe de la prédiction ... 193
22. Le dilemme des prisonniers ... 198
23. Le paradoxe du vote ... 204
24. Les paradoxes de la probabilité ... 210
25. Les paradoxes des statistiques inversées ... 219

Liste des figures ... 225
Bibliographie ... 229

REMERCIEMENTS

Quoique écrire un livre soit essentiellement une activité solitaire, personne n'écrit seul. Je voudrais donc témoigner ma reconnaissance aux personnes suivantes. Je remercie d'abord Jeanette Cissman qui a dessiné plusieurs schémas et coordonné toute la partie artistique; sans sa compétence, il m'aurait été impossible de mener à bien ce projet. Je n'oublie pas Mary Reid et Toby Wertheim, pour leurs recherches en bibliothèque. Au fil des années, Dan Schiller, Beth Murphy, Carolyn Quinn, Ned Levy et d'autres m'ont transmis de précieuses informations. Ont relu les épreuves et fait nombre de suggestions utiles : Jane Driscoll, Ellen Rosenbush, Susan McMahon, Morton Davis et Marylin Davis. Je tiens particulièrement à témoigner ma gratitude à Martin Gardner pour avoir éclairci le paradoxe de l'as-surprise dans le chapitre 24. Un grand merci également à ma sœur Denise Mazza qui a simplifié l'écriture logique et à Peyton Moss, Georgie Remer et d'autres qui, aux éditions Doubleday, m'ont aidé à mettre au point cet ouvrage. Ma gratitude, enfin, va à mon épouse, Betty Ann, pour ses encouragements et sa persévérance.

Nicholas Falletta
avril 1982

INTRODUCTION

Ce livre a été écrit pour ceux qui, intéressés par les paradoxes, n'ont pas de formation approfondie en mathématiques, en logique, en sciences ou en philosophie, toutes disciplines d'où sont tirés les paradoxes exposés dans cet ouvrage. Quoique la plupart d'entre eux fassent appel à des concepts et à des raisonnements difficiles, aucun n'exige du lecteur des connaissances plus précises que celles du langage ordinaire et de l'arithmétique de base. Ce recueil entend offrir un éventail des diverses façons qu'ont les créateurs de paradoxes d'utiliser l'intelligence et l'imagination. Mais il existe d'autres paradoxes — certains tout aussi intéressants sinon plus complexes — que nous avons laissés de côté, pour ne pas surcharger ce volume ou parce qu'ils requéraient du lecteur une formation technique trop spécialisée.

On a défini un paradoxe comme « la vérité qui se tient sur la tête pour attirer l'attention ». Cet énoncé nous rapproche davantage de l'essence du paradoxe que n'importe quelle définition positive qu'on pourrait proposer, tant il est vrai que le paradoxe est une notion très difficile à cerner.

Etymologiquement, il vient du grec *para-doxos* et signifie « contre l'opinion ». Aujourd'hui, le terme « paradoxe » possède plusieurs significations qui ont pour point commun de faire référence à un énoncé ou à une croyance contraires à ce qu'on en attend ou à l'opinion reçue. Les paradoxes de ce livre relèvent toutefois de définitions plus précises, qui peuvent se ramener à trois :
1) Un énoncé qui semble contradictoire mais qui, en fait, est vrai.
2) Un énoncé qui semble vrai mais qui, en fait, contient une contradiction.
3) Une argumentation valide qui conduit à des conclusions contradictoires.
Il est évident que les énoncés paradoxaux définis en 1) et 2) sont souvent — mais pas toujours — les conclusions des arguments

définies en 3). Cet ouvrage traite principalement des raisonnements d'ordre visuel, logique, mathématique, scientifique, etc., qui mènent, selon toute apparence, à des déductions paradoxales.

Il y a des paradoxes profonds et d'autres superficiels. Si certains se trouvent être des sophismes[1], cela ne les rend pas pour autant superficiels. Il arrive souvent que ces sophismes conduisent à reconstruire les systèmes dans lesquels ils se développent. Certes, tous les paradoxes ne sont pas de ce type : il y en a dont le raisonnement sans faille fait appel à des notions qui vont contre l'intuition; les conclusions que nous sommes forcés d'accepter sont vraies, mais paraissent contraires au sens commun. Anatol Rapoport, expert dans les théories de la communication et des jeux, écrit dans un article intitulé « Échapper au paradoxe » (*Scientific American*, juillet 1967) : « Les paradoxes ont eu un rôle crucial dans l'histoire intellectuelle, souvent en pressentant les développements révolutionnaires des sciences, des mathématiques et de la logique. A chaque fois que, dans n'importe quelle discipline, apparaît un problème qui ne peut être résolu à l'intérieur du cadre conceptuel censé s'y appliquer, nous éprouvons un choc, choc pouvant nous contraindre à rejeter l'ancienne structure inadéquate et à en adopter une nouvelle. C'est à ce processus de mutation intellectuelle qu'on doit la naissance de la plupart des grandes idées mathématiques et scientifiques. Attribué à Zénon, le paradoxe d'"Achille et la tortue" a donné naissance à l'idée des séries infinies convergentes. Les germes du théorème de Gödel ont été des antinomies, c'est-à-dire des contradictions internes dans la logique mathématique. Le résultat paradoxal de l'expérience de Michelson-Morley a fourni les bases de la théorie de la relativité. La double conception de la lumière, corpusculaire ou ondulatoire, a forcé les savants à réexaminer le concept de détermination causale, fondement de la philosophie des sciences, et les a conduits à la mécanique des quanta. Le paradoxe du démon de Maxwell, que Leo Szilard fut le premier à tenter de résoudre, a donné plus récemment naissance à l'intuition profonde que les concepts, disparates en apparence, d'information et d'entropie sont, en fait, intimement liés l'un à l'autre. »

---

1. Rappelons qu'un sophisme est un raisonnement qui, apparemment conforme aux règles de la logique, aboutit à une conclusion manifestement fausse. (N.d.T.)

On pourrait ajouter à la liste de Rapoport de nombreux autres paradoxes ayant entraîné des changements radicaux dans notre manière de voir le monde. Comme le remarque Willard V. Quine, « de toutes les façons dont on peut considérer les paradoxes, la plus étrange est peut-être la faculté qu'ils ont de se révéler beaucoup moins frivoles qu'ils n'en ont l'air ».

De quelque type qu'ils soient, les paradoxes présentent plusieurs caractéristiques communes. La principale est la contradiction, mais il y a aussi l'énoncé portant sur lui-même[1] et le cercle vicieux. Les paradoxes sont souvent très ambigus et demandent, si l'on veut les résoudre, qu'on clarifie les diverses significations et interprétations présentes dans le langage ordinaire et l'imagination, diversité qui est la cause de nombre d'entre eux. Celui qui étudie les paradoxes doit se garder de l'ambiguïté, de l'imprécision et des autres sources de sophismes.

Dans l'histoire de la civilisation occidentale, il y a eu trois grandes périodes pendant lesquelles on a porté un intérêt immense aux paradoxes. D'abord, dans la Grèce antique, du Ve siècle au IIe siècle avant Jésus-Christ : le paradoxe du menteur et ceux de Zénon datent de cette époque. Puis les scolastiques médiévaux, en redécouvrant les textes classiques, affrontent les problèmes « insolubles » et sèment les graines de ce qui va fleurir pendant la Renaissance sous la forme des nombreux — plus de cinq cents — recueils de paradoxes, littéraires comme scientifiques, publiés en Europe occidentale à ce moment.

La troisième période commence dans la seconde moitié du XIXe siècle et se poursuit de nos jours. C'est à peu près entre le milieu du XIXe siècle et le début du XXe siècle qu'on a pratiquement achevé le processus de formalisation en mathématiques et en logique : cela a conduit inévitablement à un examen approfondi des paradoxes, soit nouveaux, soit anciens mais non encore résolus. Outre la position prestigieuse qu'ils ont acquise en mathématiques et en logique, ils occupent — depuis les bouleversements apportés par la théorie de la relativité et la mécanique des quanta — une place non négligeable dans les sciences.

Le mouvement s'étend aujourd'hui à d'autres domaines de l'activité culturelle : psychologie, économie, sciences politiques,

---

1. C'est ce qu'on appelle en anglais *self-reference*, « expression difficile à rendre en français bien que fort claire ». (Vax, *Lexique logique*, PUF, p.127). A ce sujet, voir surtout le chap.13, « Le paradoxe du menteur ». (N.d.T.)

philosophie, arts. C'est la période moderne qui a d'ores et déjà produit, au sujet des paradoxes, les commentaires les plus nombreux et les plus rigoureux de toute l'histoire. Les paradoxes nous stupéfient car ils nous transportent au-delà des limites de la pensée et de la perception humaines : pour cette raison, l'intérêt qu'y prennent nos contemporains est, semble-t-il, plus qu'un simple passe-temps intellectuel.

I

PARADOXES VISUELS

1. LES FIGURES AMBIGUËS

Une figure est dite ambiguë quand on peut l'interpréter de deux ou plusieurs manières différentes. La *figure 1* représente-t-elle une belle jeune femme ou une vieille sorcière ? Et pouvez-vous voir les deux images en même temps ?

Ce portrait de la femme jeune-vieille, œuvre de E.G. Boring, atteint son but en nous forçant à percevoir la figure comme la superposition de deux images nettement contrastées, superposition rendue possible par un tracé pertinent des lignes de façon à ce qu'elles fonctionnent dans deux contextes visuels différents. La signification de ces traits change selon notre regard. Ainsi, les

1. *Femme jeune-vieille*, de Boring

lignes formant la joue et la mâchoire de la jeune femme dessinent également le nez crochu de la vieille, dont la bouche est le ruban que la jeune fille porte au cou.

Ce dessin comporte une inversion du fond et de la figure : en effet, à tout moment, une seule image apparaît comme la « figure », le reste servant d'arrière-plan. Il n'est pas nécessaire de déplacer les yeux pour faciliter le changement de perception de l'image. Si vous la regardez sans lever les yeux suffisamment longtemps, elle se transformera d'elle-même au bout d'un moment.

Il est probable que l'inversion de figure la plus célèbre est celle de Edgar Rubin *(Figure 2)*. On peut l'interpréter comme deux profils humains se faisant face ou comme un vase constitué par l'espace entre les deux visages. Selon Rubin, « l'observateur, à cette occasion, peut non seulement se convaincre que le fond est perçu comme dénué de forme, mais encore qu'une signification donnée à une figure, quand celle-ci constitue le champ visuel, n'existe plus quand ce même champ devient le fond ».

2. *Profils ou vase*, de Rubin

On trouve de semblables inversions dans les dessins de l'Indien-Esquimau *(Figure 3)* et du canard-lapin *(Figure 4)*. Les figures de ce type sont utilisées pour démontrer de quel œil — et plus généralement de quel côté du corps — nous nous servons principalement. Les individus droitiers et dont l'œil droit est prédominant verront, la plupart du temps, l'Indien ou le canard en premier lieu; les autres, l'Esquimau ou le lapin.

3. *Indien ou Esquimau*

4. *Canard ou lapin*

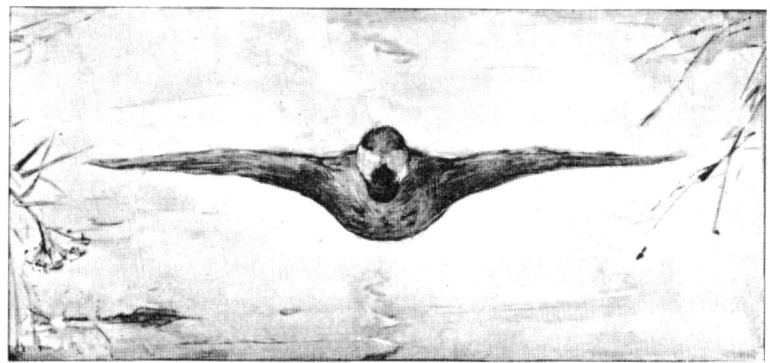

5. *Canard ou chien de chasse*, de Newell

6. *Chien ou chat*, de Newell

7. *Portrait de Madame Quilira*. Représentation de visages réversibles, extraite d'un ouvrage intitulé *Monstri*, paru à Rome vers 1585, et portant sur des monstres réels ou imaginaires.

Toutes les figures ambiguës ne sont pas construites selon ce modèle. Des dessins comme ceux du canard *(Figure 5)* ou du chien *(Figure 6)* doivent être retournés si l'on veut apercevoir la tête d'un chien de chasse *(Figure 5)* ou un chat *(Figure 6)*. Ces deux dessins sont l'œuvre de Peter Newell qui, au début du siècle, publia deux volumes de figures réversibles, sous le titre *Topsys & Turvys*. D'autres portraits de ce type (nous en avons un exemple *figure 7)* remontent au XVIe siècle. Plus récents sont ceux de Schéhérazade ou du prince hindou *(Figure 8)* et de Sherlock Holmes ou Robin des Bois *(Figure 9)*, dessinés à l'occasion d'une campagne de publicité de la compagnie pétrolière Shell, dans les années trente, par l'artiste anglais Rex Whistler.

8. *Schéhérazade ou prince*, de Rex Whistler
9. *Sherlock Holmes ou Robin des Bois*, de Rex Whistler

Un autre type de figure ambiguë fait appel à l'inversion dans le sens de la profondeur. L'exemple le plus connu en est le cube de Necker *(Figure 10)*, ainsi nommé d'après le cristallographe suisse L.A. Necker, qui le créa en 1832.

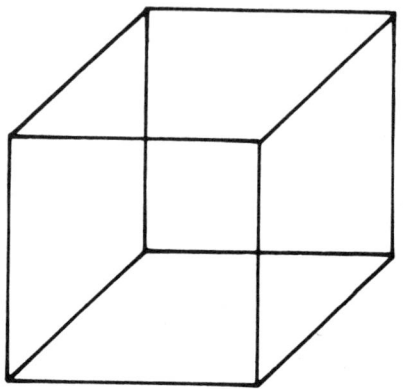

10. Le cube réversible de Necker

Plusieurs facteurs concourent à ce paradoxe visuel qui laisse on ne peut plus perplexe. Au lieu du tracé traditionnel en perspective, où la face avant d'un cube est plus grande que sa face arrière, elles sont ici d'égales dimensions. Le cerveau peut donc interpréter de deux manières l'image qui s'imprime sur la rétine et, incapable de se fixer définitivement sur l'une des deux positions possibles du cube, il ne cesse de passer d'une représentation à l'autre.

R.L. Gregory, spécialiste de la perception visuelle, a mis au point plusieurs expériences intéressantes en utilisant des cubes de Necker à trois dimensions. Dans l'une d'elles, le sujet, plongé dans l'obscurité, tient en main l'ossature d'un cube dont les arêtes ont été recouvertes d'une couche de peinture fluorescente. Alors même qu'il ressent par le toucher la position d'une des faces du cube, l'effet d'inversion a lieu : la face en question apparaît visuellement à un autre endroit.

Dans une expérience voisine, le cube est brusquement éclairé par un flash. Une fois la pièce replongée dans l'obscurité, l'image du cube demeure sur la rétine et, là encore, s'inverse. Cela signifie simplement que le changement de perspective ne résulte pas du mouvement de nos yeux mais de la part active que prend le cerveau dans le processus perceptif : en effet, il s'attend à trouver telle figure à tel endroit et dans telle direction.

Parmi d'autres figures s'inversant dans le sens de la profondeur, citons l'escalier du mathématicien allemand Ernst Schröder *(Figure 11)*, le livre réversible *(Figure 12)* et l'assemblage des cubes réversibles *(Figure 13)*, dus au physicien autrichien Ernst Mach. Dans les trois cas, l'ambiguïté vient des lignes délimitant à angle droit les différents plans, lignes pouvant être interprétées comme « intérieures » ou « extérieures ». La symétrie des

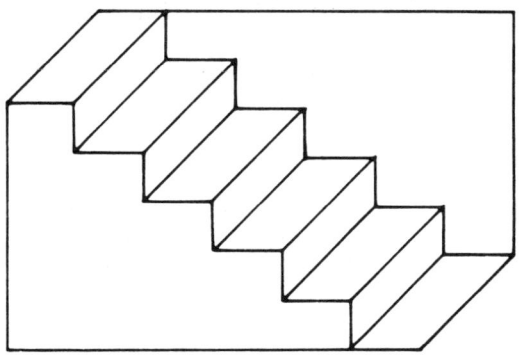

11. Le célèbre escalier réversible de Schröder. Au début, il semble normal, et monte vers la gauche, mais, si nous continuons de le regarder, il s'inverse soudain et apparaît à l'envers.

12. Le livre réversible de Mach. Le problème est de déterminer si le livre est ouvert avec le dos ou les pages tournés vers nous.

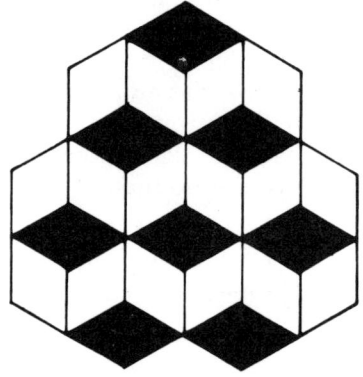

13. Assemblage de cubes réversibles. Dans cette figure, c'est la direction des cubes qui s'inverse. Les surfaces noires constituent à certains moments les faces supérieures des cubes, à d'autres les faces inférieures. Il est très rare de percevoir la figure comme un plan composé de losanges blancs et noirs.

graphismes ne nous permet pas de préférer l'une des deux interprétations. Ce phénomène résulte en fait des propriétés géométriques du cube et de sa projection isométrique dans un plan, comme le montre la *figure 14*.

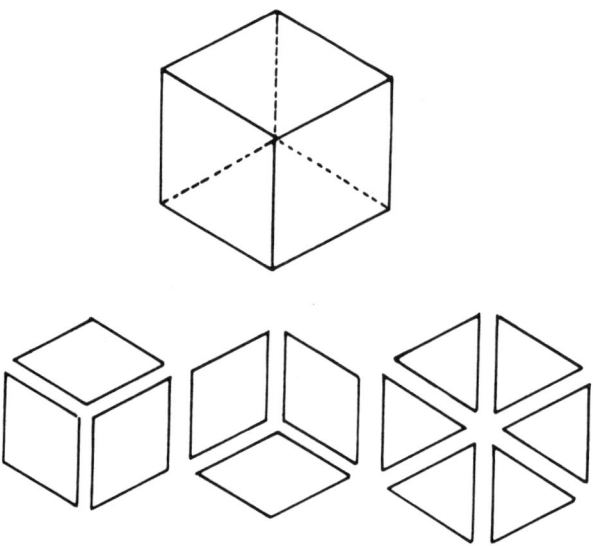

14. Projection isométrique d'un cube

M.C. Escher s'est servi du cube de Necker dans sa lithographie *Belvédère* (Voir chap. 3, *Figure 35*). Bien d'autres artistes se sont inspirés des figures ambiguës : citons le peintre américain du Bauhaus, Josef Albers, le Français Victor Vasarely, du groupe « op art », et l'Américain Sol Lewit, du mouvement minimaliste.

Dans son ouvrage *Inversions*, Scott Kim a combiné figures ambiguës, calligraphie et jeux de mots pour créer un nouveau type d'ambiguïté, à la fois visuelle et verbale *(Figures 15 et 16)*.

15. *Upside down*, de Scott Kim

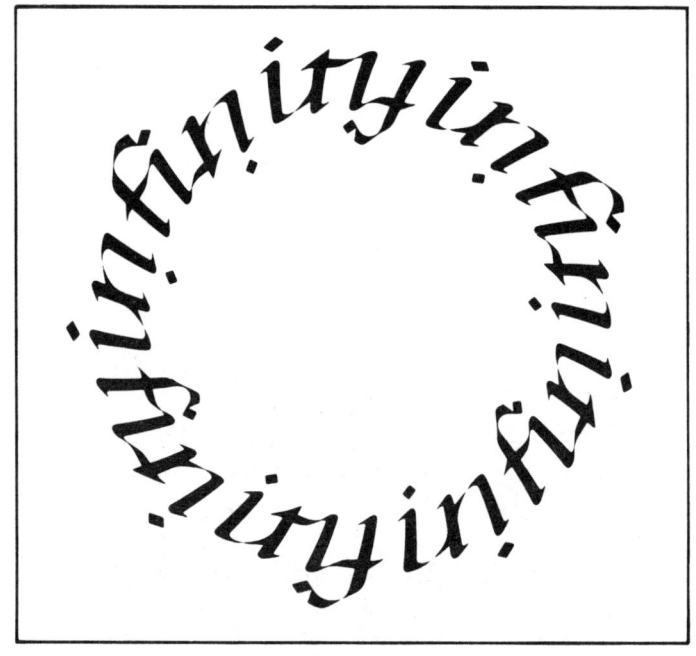

16. *Infinity*, de Scott Kim

2. LES FIGURES IMPOSSIBLES

Une figure impossible est un graphisme représentant un objet qui ne peut exister dans la réalité. L'une des plus connues est le trident impossible *(Figure 17)*. Le problème consiste à localiser la dent du milieu. Si l'on regarde à droite de la figure, les trois dents apparaissent sur le même plan, disposées l'une derrière l'autre dans le sens de la profondeur. Mais, si l'on regarde à gauche, la dent du milieu semble appartenir à un plan inférieur aux deux autres. Où donc se situe exactement la dent du milieu ?

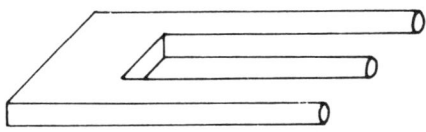

17. Le trident impossible

Bien que, dans la réalité, elle ne puisse se trouver sur deux plans à la fois, ce dessin montre qu'on peut en donner l'impression, en utilisant un tracé ambigu, rendant visible la contradiction. En fait, comme la plupart des figures de ce type, le trident impossible réalise une « fausse » connexion, c'est-à-dire une connexion qui ne peut exister que dans l'espace à deux dimensions du dessin, mais non dans le monde à trois dimensions où nous vivons. Selon R.L. Gregory, de telles images ne peuvent, à proprement parler, être « perçues », car le cerveau est mis dans l'impossibilité de choisir entre les hypothèses contradictoires qui lui sont proposées (voir aussi les *figures 18 et 19*).

Une autre forme impossible bien connue est le triangle de la *figure 20*, mis au point par L.S. Penrose, généticien britannique, et son fils Roger, mathématicien et physicien, créateurs également de l'escalier de la *figure 38*, au chap.3. Ce triangle — qui présente beaucoup d'analogies avec le trident impossible — ressemble à première vue à un triangle équilatéral, mais, si nous l'observons plus attentivement, nous nous apercevons que

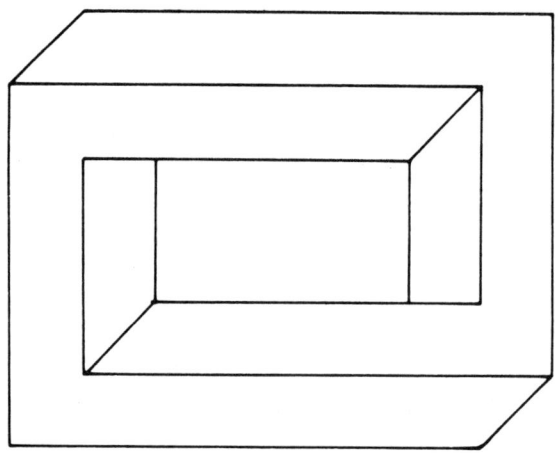

18. Le quadrilatère impossible. Remarquez que l'illusion est créée par de fausses connexions. Les coins du quadrilatère sont reliés de manière impossible, de la même façon que les angles du triangle impossible de Penrose (Fig. 20).

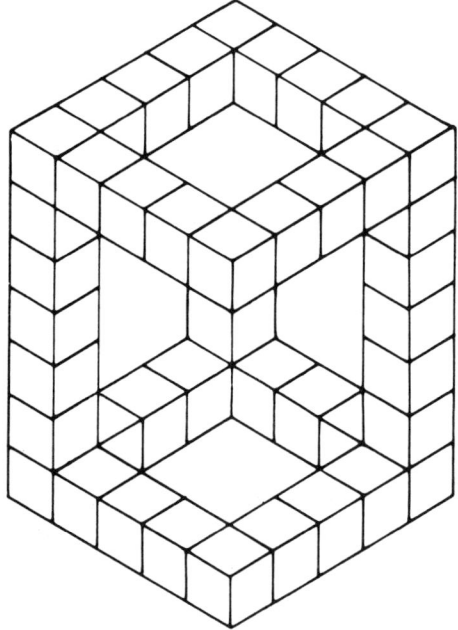

19. Ossature de cube impossible. Ici, les connexions impossibles sont dues au pilier central qui relie l'avant à l'arrière.

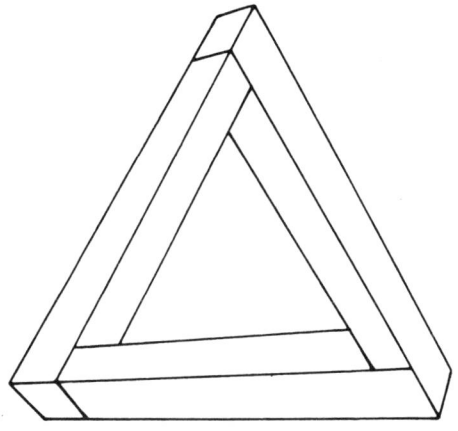

20. Le triangle impossible de Penrose

chaque angle est un angle droit normal et que tous trois sont disposés chacun par rapport aux autres d'une façon qui serait inconcevable dans le monde réel. A chaque coin de l'objet, l'angle de vue est différent. La somme des angles de ce « triangle » totalise 270 degrés !

Escher a utilisé le triangle de Penrose, de façon spectaculaire, dans sa lithographie de 1961, *Chute d'eau (Figure 21)*. Partons du second étage de la tour de gauche : nous voyons l'eau tomber sur les aubes d'une roue, puis emprunter un chenal de briques où elle semble toujours descendre, tout en s'éloignant de nous, pour finalement aboutir au point d'où nous sommes partis et retomber sur la roue.

Trois triangles impossibles imbriqués constituent la structure de base de cette gravure *(Figure 22)*. Les détails du dessin — en particulier, le tracé de la surface de l'eau et la taille décroissante des murs de brique — contribuent à créer l'illusion que le courant s'éloigne constamment de nous. En réalité, il n'y a pas ici d'angles à trois dimensions, pas plus que dans le triangle de Penrose. Les structures triangulaires de l'aqueduc ne sont pas mises en perspective : remarquez, par exemple, que le chenal le plus éloigné de nous n'est pas moins large ni plus court que les plus proches. Escher détourne notre attention en utilisant la perspective dans le graphisme de la maison, du paysage et surtout des polyèdres au sommet des tours.

21. *Chute d'eau*, d'Escher

22. Structure de base de *Chute d'eau*

L'intérêt d'Escher pour les figures impossibles se remarque dans d'autres œuvres. Nous avons déjà dit que *Belvédère (Figure 35)* doit sa structure au cube de Necker et nous verrons plus loin qu'il s'est servi de l'escalier de Penrose dans sa célèbre gravure de 1958, *Du haut en bas des escaliers (Figure 37)*.

La définition d'une figure impossible exige que l'objet représenté ne puisse exister dans un monde à trois dimensions. Mais alors que penser de la photographie — non retouchée — *(Figure 23)* d'un objet à trois dimensions, en tous points conforme au triangle impossible de Penrose ?

L'image que vous voyez est bien celle d'un tel objet, paraissant avoir la même configuration que le triangle de Penrose. Cependant cela n'est vrai que de l'image, non de l'objet réel, comme le montre la photo de la *figure 24*.

Le fait est que, vu à partir d'un angle précis, l'objet réel à trois dimensions que présente la figure 24 imprime sur la rétine la même image que la figure de Penrose. Dans son essai « L'œil confondu », Gregory note à ce sujet : « Nous *supposons*, à tort, que les deux branches de l'objet se trouvent (dans la figure 23) à la même distance de nous et qu'elles sont en contact physique. En réalité, elles se trouvent à des distances différentes et ne sont en contact que *pour notre vue*. Une fois admise cette seule supposition — fausse, mais à laquelle il est difficile, sinon

23. Maquette en trois dimensions d'un triangle impossible, I

24. Maquette en trois dimensions d'un triangle impossible, II

impossible, de résister —, nous ne pouvons qu'avoir une perception paradoxale de l'objet, car les autres caractéristiques de celui-ci, telles que les perspectives des coins, sont incompatibles avec le fait que les côtés se situent sur un même plan. En fait, un objet en trois dimensions est "décrit" en accord avec la manière dont nous le percevons : nous émettons l'hypothèse qu'il se situe sur un plan à deux dimensions, sauf les coins, perçus comme en possédant trois, ce qui contredit l'hypothèse. Cela conduit au paradoxe de la perception, paradoxe qui résiste à notre compréhension intellectuelle. »

On peut construire d'autres maquettes en trois dimensions du triangle impossible. Scott Kim, dans un ouvrage collectif de 1978, consacré aux visualisations complexes, *Hypergraphiques*, en présente un modèle emboîté *(Figure 25)* et un modèle recourbé *(Figure 26)*. Vues sous l'angle correct, ces deux maquettes impriment sur la rétine une image répondant en tous points aux caractéristiques de la figure de Penrose.

La preuve de l'impossibilité de l'existence d'un tel triangle en trois dimensions est illustrée par la *figure 27*. Examinons les trois

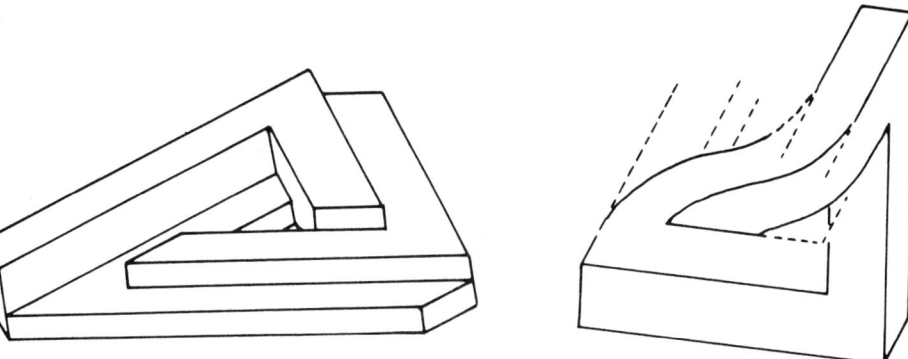

25. Modèle emboîté d'un triangle impossible
26. Modèle incurvé d'un triangle impossible

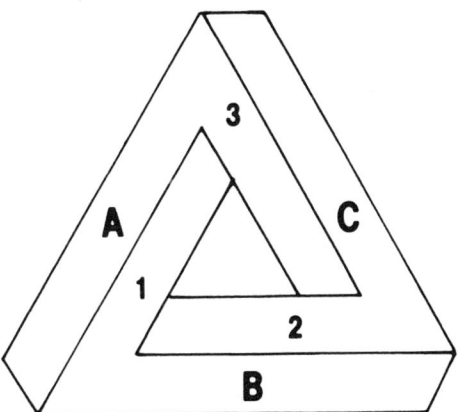

27. Preuve de l'impossibilité d'un modèle à trois dimensions d'un triangle impossible

faces visibles A, B et C : l'arête 1 constitue l'intersection de A et de B, l'arête 2 l'intersection de B et de C, l'arête 3 de A et de C. En peu de mots, Kim explique ainsi les choses : « Les trois faces visibles, prises deux à deux, ne peuvent se situer sur un même plan sans aplatir le modèle, donc nous avons affaire à trois plans distincts. Mais trois plans non parallèles et distincts se rencontrent toujours en un seul point — en supposant qu'ils se situent dans le même espace tridimensionnel. De plus, chacune des lignes constituant l'intersection de deux des plans doit passer par ce point. Or nous pouvons voir que les lignes dont les arêtes 1, 2 et 3 sont des segments ne se rencontrent toutes les trois en aucun point. Donc, [la figure 27] ne représente pas un objet possible. »

Kim a également transposé le triangle impossible dans une illusion à quatre dimensions : le quadrilatère indéveloppable — c'est-à-dire qui ne peut être projeté sur un plan — impossible *(Figure 28)*. Dans l'article déjà cité, Kim montre comment construire un « dessin » en trois dimensions *(Figure 29)* de ce qui apparaîtrait comme un objet impossible à un habitant d'un univers quadridimensionnel. Il semble que Robert Penrose ait construit un modèle semblable quelque vingt ans avant Kim.

Il nous est bien sûr impossible de percevoir visuellement cette illusion, puisque nous vivons dans un univers à trois dimensions. Kim parvient même à présenter une preuve de cette impossibilité, à l'aide de la *figure 30*, preuve analogue en toute précision à la

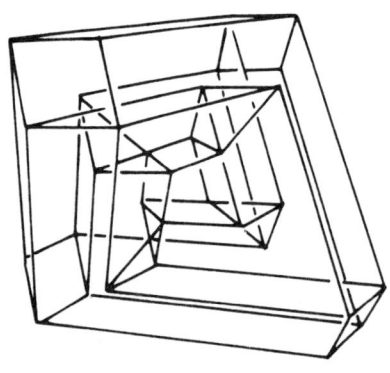

28. Le quadrilatère indéveloppable impossible : illusion à quatre dimensions

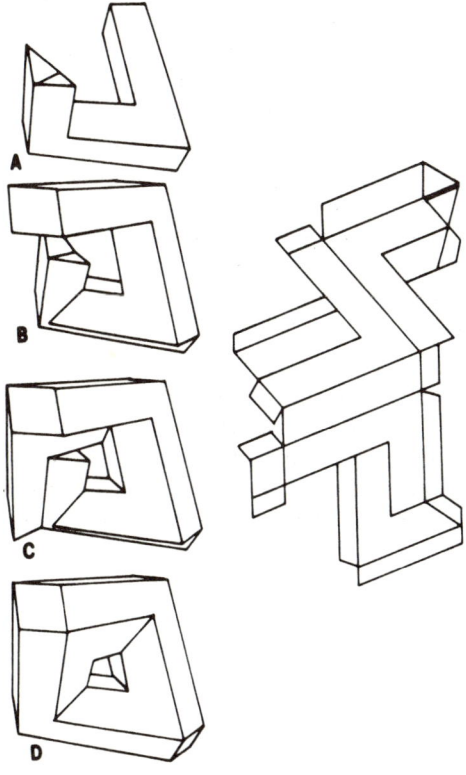

29. Comment construire un modèle en trois dimensions du quadrilatère indéveloppable impossible

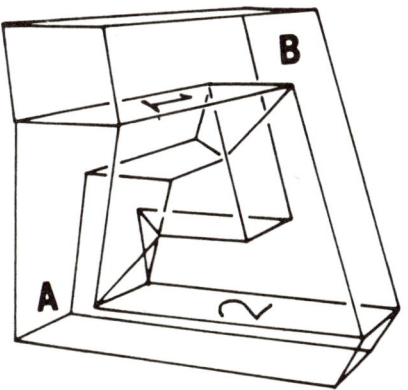

30. Preuve de l'impossibilité du quadrilatère indéveloppable impossible

preuve de l'impossibilité du triangle de Penrose *(Figure 27)*. Les « faces » A et B se trouvent chacune sur un plan tridimensionnel différent : elles se rencontrent en 1 et 2, qui sont des plans également distincts mais bidimensionnels. Mais cela est impossible, car deux plans tridimensionnels différents ne peuvent se rencontrer qu'en un seul plan bidimensionnel.

Kim ajoute qu'on peut généraliser le triangle impossible de Penrose dans des univers à 5,6 — et même plus — dimensions. Il faut préciser toutefois qu'il n'en est pas de même pour toutes les figures impossibles, dont l'escalier de Penrose (chap.3, *Figure 38*). Kim conclut en disant que, même si nous ne pouvons percevoir ces illusions, elles gardent toutes leur valeur, car elles nous introduisent au cœur des problèmes de l'espace tridimensionnel et des illusions d'optique. Si nous ne pouvons percevoir un espace à quatre dimensions, il reste que nous pouvons le saisir intellectuellement; et peut-être même parviendrons-nous à construire des programmes informatiques permettant à l'intelligence de l'ordinateur de percevoir de telles illusions.

3. LES PARADOXES D'ESCHER

La lithographie de 1948, *Mains dessinant (Figure 31)*, est l'une des plus connues de l'artiste hollandais M. C. Escher. Nous y voyons deux mains, dont chacune dessine l'autre sur une feuille punaisée à une planche à dessin. Cette gravure contient plusieurs éléments paradoxaux, dont le plus troublant est le cercle vicieux résultant du fait que chaque main dessine l'autre. Il y a aussi la contradiction, déjà ancienne dans l'histoire de l'art, constituée par le conflit entre la représentation figurative, en deux dimensions, et le monde en trois dimensions, représenté. En ce sens, *Mains dessinant* peut être considéré comme un « méta-dessin » renouvelant ce conflit et retrouvant le sens du vieux dicton : « Tout artiste se représente lui-même. »

Dans cette œuvre et dans d'autres, Escher montre bien que tout dessin est une forme d'illusion. Mais Escher nous trompe avec une telle logique qu'on ne peut échapper aux effets contradictoires de cette illusion. La plupart des œuvres d'Escher sont des paradoxes construits à la manière d'un syllogisme : établies à partir de prémisses vraies — les images —, au moyen d'un raisonnement juste — la composition —, elles produisent des conclusions contradictoires — les mondes impossibles. Parmi les diverses manières d'Escher, l'une des plus importantes fut celle des dessins en « mosaïque ».

Un dessin en mosaïque divise une surface en carreaux réguliers, à la manière d'un damier, ou en motifs alternés, géométriques ou non. Escher considérait ce type de tracé comme « la source la plus riche d'inspiration [qu'il ait] jamais exploitée ». C'est de son séjour à l'École d'Architecture et de Dessin ornemental de Haarlem, aux Pays-Bas, que date son intérêt pour l'idée qu'on peut recouvrir une surface plane de figures semblables sans espaces entre elles.

Escher tenta une première approche du dessin de motifs réguliers et alternés en 1926, peu de temps après une courte visite à l'Alhambra de Grenade. Mais ce n'est pas avant 1936, après un séjour plus approfondi dans cette même ville, qu'il s'absorba

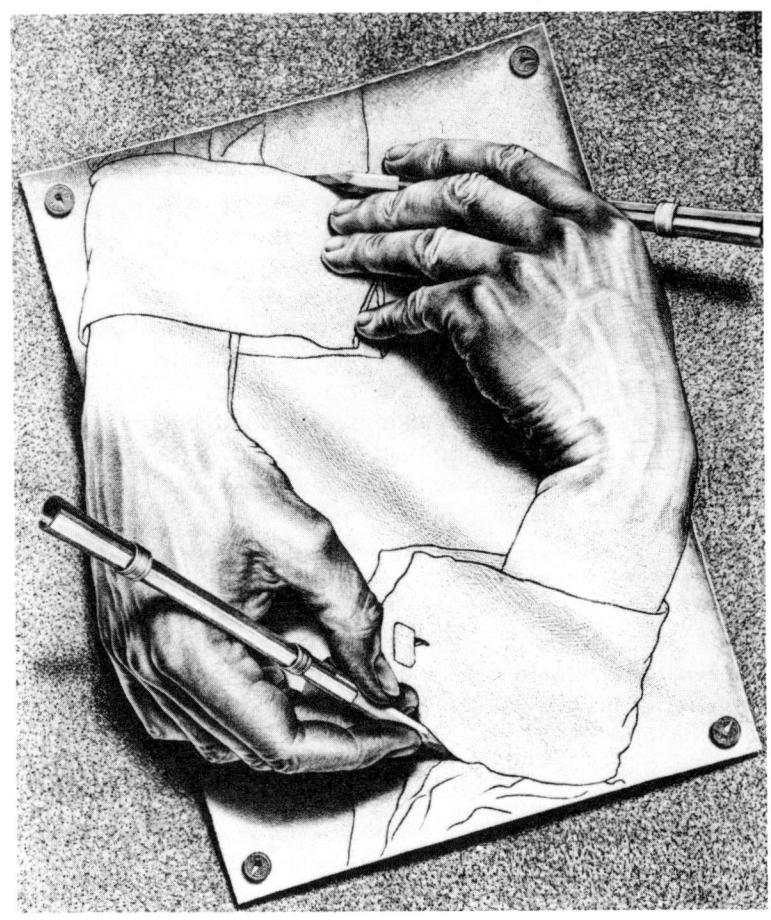

31. *Mains dessinant*, d'Escher

complètement dans les principes et les techniques de la composition en mosaïque. Lors de ce second voyage, Escher, avec l'aide de sa femme, fit de nombreuses copies des mosaïques maures décorant les murs du célèbre palais. Les motifs, cependant, sont tous abstraits, car l'islam interdit l'art figuratif dans les lieux publics et religieux; ils fascinèrent néanmoins Escher qui y vit un énorme potentiel de mosaïques figuratives, ce qu'aucun artiste, ni arabe ni autre, n'avait encore tenté.

Sans connaissances mathématiques, Escher parvint à « inventer » les règles de base nécessaires à son projet, règles qui faisaient également appel aux principes généraux de la cristallographie, science de la structure et de la formation des cristaux. Pour mieux saisir ces principes, considérons une surface divisée en triangles équilatéraux congruents *(Figure 32)*. Reproduisons

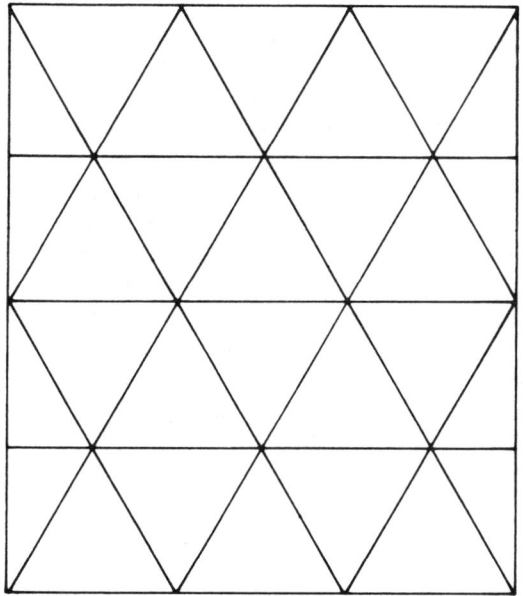

32. Surface plane composée de triangles équilatéraux congruents

ce modèle sur un papier-calque. Si nous plaçons celui-ci sur l'original de façon à faire coïncider les deux dessins, un cristallographe pourra dire que chacun « relève le plan » de l'autre. Que l'on glisse le calque vers le haut, le bas, la droite, la gauche, les triangles coïncident très vite de nouveau. Ce relevé s'opère par le principe de *translation*. Si maintenant nous faisons tourner le calque de 60 degrés autour du sommet de n'importe quel triangle, les dessins correspondent également, mais cette fois par le principe de *rotation*. Enfin, si le calque est mis à l'envers, nous avons affaire au principe de *réflexion*. Ces principes sont utilisés tous les trois dans les mosaïques d'Escher.

La fascination d'Escher pour les motifs en mosaïque fut renforcée par son intérêt grandissant pour la psychologie de la forme, le gestaltisme, qui prit une importance croissante dans la communauté intellectuelle européenne à la fin des années trente.

C'est à travers les travaux expérimentaux du Danois Edgar Rubin, de l'Allemand Kurt Koffka et d'autres gestaltistes qu'Escher conçut l'idée de donner à ses mosaïques le sens de la profondeur et d'y faire varier les contrastes de luminosité de telle façon que l'observateur perçoive certaines zones soit comme figure, soit comme fond.

Cette rencontre entre la structure en mosaïque et la psychologie de la forme a donné naissance à une grande partie de l'œuvre de l'artiste. Une gravure sur bois de 1938, *Jour et nuit (Figure 33)*, nous en fournit l'un des exemples les plus parfaits. Si nous partons du bas, nous voyons au milieu un simple quadrillage de champs en losanges qui, à mesure que nous levons les yeux, se transforme peu à peu en une représentation d'oiseaux noirs et blancs en deux dimensions, représentation qui acquiert, en haut, le sens de la profondeur. Seul le dessin central des oiseaux est constitué de figures équivalentes; et c'est un bon exemple d'une mosaïque construite seulement par translation. Le mouvement de chaque groupe d'oiseaux en plein vol de même que la transformation des champs en oiseaux font appel au principe de l'inversion du fond et de la figure. Pour accentuer cet effet, Escher joue subtilement du contraste entre la lumière et l'ombre. C'est dans l'œuvre expérimentale du psychologue américain Molly R. Harrower, disciple de Koffka, qu'Escher puisa ces techniques.

33. *Jour et nuit*, d'Escher

34. *Limite circulaire IV*, d'Escher

La gravure sur bois de 1960, *Limite circulaire IV*, au dessin plus complexe, représente des anges et des démons, servant tour à tour de fond et de figure *(Figure 34)*. Si nous partons du centre pour aller dans n'importe quelle direction, nous voyons les figures devenir de plus en plus petites, tout en conservant leurs proportions respectives. Cette technique de réduction progressive fait appel à l'une des géométries non euclidiennes, la géométrie « hyperbolique », découverte du mathématicien Henri Poincaré. Pour construire sa géométrie, Poincaré utilisa un modèle euclidien : un plan infini enfermé à l'intérieur d'un grand cercle fini, jouant le rôle de droite. La découverte par Escher d'une illustration de ce modèle le conduisit à graver la série des *Limites circulaires*.

Celle que nous avons choisi de représenter ici en est l'une des plus impressionnantes, car elle est le reflet des visions de son auteur sur la dualité de la nature et la poursuite de l'infini. Bruno Ernst, dans son ouvrage *Le miroir magique de M. C. Escher*, cite l'artiste : « Le bien ne peut exister sans le mal et, si l'on accepte l'idée de Dieu, l'on doit aussi postuler un démon. C'est la balance. Cette dualité est ma vie. On me dit cependant qu'il ne peut en être ainsi. Les gens sont prompts à taxer d'abstruses de telles conceptions, mais je ne peux les suivre sur ce terrain. Car c'est en fait très simple : noir et blanc, jour et nuit, ce sont ces éléments qui font vivre l'artiste graphique. »

Par la suite, dans ses œuvres gravées, Escher se mit à utiliser les figures impossibles. Il parvint à créer des mondes dont les contradictions confondent l'imagination, tel celui représenté dans sa lithographie de 1958, *Belvédère (Figure 35)*. L'édifice italien fait ici honneur à son nom (« belvédère » signifie « belle vue ») : en effet, le second étage est orienté dans la direction du regard de la jeune femme, tandis que le premier l'est dans la direction du regard de l'homme vu de dos. La perspective de chaque étage est parfaitement plausible, mais seulement prise à part : elles ne peuvent coexister dans une structure à trois dimensions, ce que voudrait nous faire croire Escher.

Il y a d'autres contradictions dans *Belvédère*. Ainsi, l'échelle, quoique rectiligne et posée dans les règles, se trouve en bas à l'intérieur de l'édifice, alors que, contrairement à notre attente, elle se trouve en haut à l'extérieur. De même, regardons les colonnes qui relient les deux parties du bâtiment : seules celles situées à l'extrême droite et à l'extrême gauche sont normales; les autres relient l'avant à l'arrière, ou réciproquement, d'une manière totalement impossible.

Escher, dans son dessin même, nous donne quelques clés quant à la nature de son étrange construction. Assis sur un banc au pied du belvédère, un jeune homme tient dans ses mains l'ossature d'un cube impossible. Sur le sol, devant lui, se trouve un dessin représentant une figure réversible, le cube de Necker, dont deux des points d'intersection sont entourés d'un petit cercle : nous avons déjà rencontré ce cube au chapitre 1. Les points entourés sont les points auxquels les lignes constituant les arêtes du cube de Necker.ont été menées de façon à constituer des figures impossibles, celles que montre la *figure 36*.

De même, *Belvédère* conjoint deux dessins séparés en une seule perspective paradoxale. Vous pouvez le constater par

35. *Belvédère*, d'Escher

vous-même en cachant la partie supérieure de l'édifice jusqu'au niveau du pied inférieur de l'homme situé le plus haut sur l'échelle : de toute évidence, celle-ci se trouve alors à l'intérieur du bâtiment et les colonnes ne créent plus de connexions impossibles. Inversement, si c'est la moitié inférieure de la gravure que vous recouvrez, c'est à l'extérieur du belvédère que se trouve l'échelle.

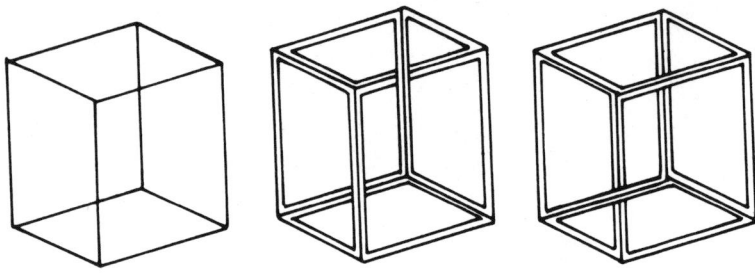

36. Cubes de Necker

Dans la lithographie de 1960, *Du haut en bas des escaliers (Figure 37)*, deux files opposées de personnages, ressemblant à des moines, montent et descendent en même temps un escalier à quatre côtés. A première vue, l'on éprouve le sentiment d'assister au rituel sacré de quelque ancien ordre monastique, dont les membres passent leur temps à contempler l'ineffable objet de leur dévotion.

Une observation plus approfondie révèle que les moines qui montent semblent *toujours* monter, tandis que ceux qui descendent semblent *toujours* descendre. Plus on examine le dessin attentivement, plus l'illusion s'impose fortement et elle persiste bien que nous sachions que l'escalier est fermé. Que penser de cet effet visuel étourdissant, où l'on peut toujours monter et descendre, sans se trouver jamais à un niveau plus élevé ou plus bas ?

L'escalier de cette gravure s'inspire de l'escalier impossible que les Penrose présentèrent en 1958 dans *The British Journal of Psychology (Figure 38)*. L'illusion s'explique si l'on divise la structure de l'escalier en tranches d'épaisseur égale. Partons du coin supérieur droit : si nous suivons le parcours de la première tranche, nous constatons qu'elle réapparaît à la base de la structure. De même, la deuxième tranche réapparaît en bas, juste au-dessus de la première, et ainsi de suite.

37. *Du haut en bas des escaliers*, d'Escher

Il saute aux yeux que ces « niveaux » ne se situent pas sur un plan horizontal, mais plutôt qu'ils évoluent en spirale; pourtant les marches de l'escalier se trouvent sur un plan horizontal. Dans la gravure d'Escher, les diverses parties du bâtiment montent en fait en spirale, alors que l'escalier demeure horizontal. Dans son ensemble, l'édifice paraît parfaitement logique, mais seulement vu de face; une telle construction ne peut avoir d'arrière ni donc tenir debout. En revanche, si vous regardez la gravure en tenant le livre horizontalement, juste au-dessous du niveau de l'œil, vous vous apercevez que la structure semble sortir peu à peu de la page et que, à l'évidence, l'escalier se situe sur un seul plan : c'est de cette seule façon que le dessin devient plausible, ce qui est caractéristique des figures dites « anamorphes », que nous étudierons au chapitre suivant.

Escher a travaillé à partir d'autres illusions visuelles, dont l'anneau de Möbius *(Figure 87*, chap.7), et construit des perspectives inusitées et contradictoires. Cependant, en dépit de ses remarquables créations, il avoua un jour : « Si seulement vous saviez ce que j'ai pu voir dans l'obscurité de la nuit... J'ai cru parfois devenir fou d'être impuissant à exprimer visuellement ces choses. En comparaison, chacune de mes œuvres est un échec, et ne reflète même pas une fraction de ce que j'aurais dû faire. »

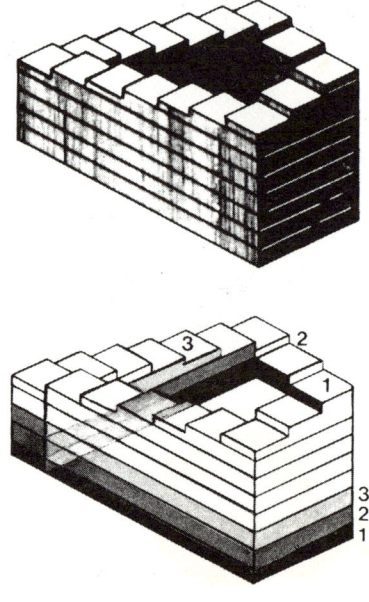

38. L'escalier impossible de Penrose

4. LES PARADOXES DE LA PERSPECTIVE

Sur deux des faces visibles du cube de la *figure 39* se trouve une ligne verticale coupée par deux autres lignes. L'une de ces deux lignes coupe la verticale à angle droit et l'autre non. Laquelle ?

On est tout d'abord tenté de répondre que, sur chaque face, c'est la ligne supérieure qui, en rencontrant la verticale, forme des angles droits. Pour affirmer cela, nous nous fondons sur ce que nous « voyons ». Il s'agit en fait du contraire : ce sont les lignes du bas qui forment des angles droits, celles du haut constituant des angles inégaux.

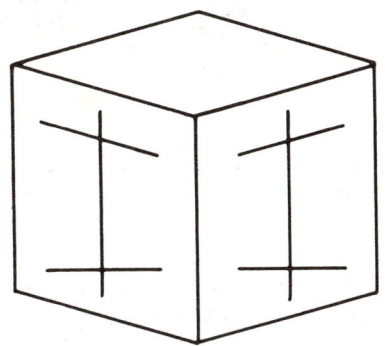

39. Un paradoxe de perspective

Cela est dû au fait que la perspective du cube vient troubler notre perception des angles. La ligne supérieure étant parallèle à l'arête du cube, nous en déduisons qu'elle coupe la verticale à angle droit. Cette supposition ne manque pas de fondement, car les arêtes d'un cube doivent se rencontrer à angle droit, ou il ne s'agit plus d'un cube. Ici, il suffit de cacher les arêtes de la surface du cube et de supprimer ainsi le contexte tridimensionnel de la figure pour constater qu'à l'évidence ce sont les lignes du bas qui coupent la verticale à angle droit. La plupart des dessins à perspective paradoxale présentent, de la même façon, une contradiction entre deux ou plusieurs perspectives.

La *figure 40* illustre un autre paradoxe de la perspective bien connu. La silhouette de gauche, située le plus bas sur la pente et la plus proche de nous, nous semble à peu près deux fois plus petite que la silhouette la plus éloignée à droite. Or, les quatre silhouettes sont de taille égale : même quand nous le savons, il nous est très difficile de le percevoir à cause du tracé des lignes en perspective créant un contexte tridimensionnel. Si nous supprimons ces lignes, l'égalité de taille des personnages saute aux yeux.

40. Illusion de perspective ascendante

Les deux paradoxes présentés ci-dessus reposent sur notre compréhension intuitive des lois de la perspective. Ces principes furent établis et appliqués au dessin et à la peinture, pour la première fois d'une manière systématique, par les artistes de la Renaissance italienne au début du xve siècle. Il est facile de saisir les aspects techniques de la perspective en examinant la célèbre gravure sur bois d'Albrecht Dürer, datant de 1525, *Démonstration de perspective (Figure 41)*, qui illustrait un traité de géométrie écrit par l'artiste. Elle montre un dispositif créé par Dürer pour dessiner en exacte perspective centrale. La ligne de vue y est matérialisée par une ficelle attachée au mur, à un crochet, représentant la position de l'œil de l'artiste peignant le tableau; passant à travers un « plan pictural » imaginaire, cette ficelle est maintenue rectiligne par le personnage de gauche qui la déplace en différents points du luth. A chacun de ces points correspond un autre où la ficelle rencontre le plan pictural, point que le personnage de gauche se charge d'indiquer sur le tableau pivotant autour du cadre. Une fois tous les points du luth indiqués, il reste à les réunir par des lignes, et nous obtenons un tracé en exacte perspective centrale.

41. *Démonstration de perspective*, de Dürer

Dans ce système de perspective, les lignes horizontales et verticales parallèles à la surface du tableau doivent être représentées de même. Et des distances égales, sur ces lignes ou entre elles, doivent également être représentées comme des distances égales. En revanche, les objets apparaissant de plus en plus petits à mesure qu'ils s'éloignent de nous, des lignes parallèles fuyant vers l'horizon doivent, sur le tableau, converger vers des points de fuite. C'est la découverte et la formulation de ces principes — il y en a bien sûr d'autres —, par l'architecte florentin Filippo Brunelleschi et d'autres artistes italiens, qui ont transformé la peinture occidentale.

Dès qu'ils furent à l'aise avec les techniques de la perspective, les artistes purent briser ces règles et créer des paradoxes saisissants. L'un des plus anciens en est l'*anamorphose*, dessin présentant une distorsion de l'image telle qu'elle ne peut être perçue dans sa perspective naturelle qu'à partir d'un certain angle aigu ou reflétée dans un miroir adéquat. L'un des exemples les plus célèbres fut dessiné par Léonard de Vinci vers 1485 *(Figure 42)*.

42. Une anamorphose de Léonard de Vinci

Cette image ne peut être correctement perçue qu'à partir d'un seul angle. Pour ce faire, placez votre pouce au bas de la page et fermez le livre le plus possible. Puis fermez un œil et regardez l'image avec l'autre œil en l'alignant presque avec le rebord de la feuille : non seulement vous la verrez en perspective, mais encore, comme le signale Léonard de Vinci lui-même, elle semblera presque sortir de la page. Cette dernière particularité de l'anamorphose fut souvent utilisée par la suite à des fins spectaculaires.

La théorie de l'anamorphose est en fait une extension logique de l'exploration du monde de la perspective. Il s'agit de position dans l'espace : devant une représentation traditionnelle, le spectateur peut coordonner sa position par rapport à l'espace du tableau; dans l'anamorphose, l'artiste se place à partir d'un seul angle de vue que l'observateur doit retrouver s'il veut voir l'image dans sa perspective correcte.

Léonard de Vinci donne une méthode pour dessiner en perspective anamorphe : placez une source lumineuse derrière une plaque de fer percée d'un trou en son milieu, posez ensuite l'objet ou la figure à dessiner directement contre un mur, tracez le contour de l'ombre sur le mur ou sur un papier, ajoutez les détails et les ombres. Pour percevoir correctement le dessin, il faudra se placer là où était la source lumineuse de départ, ou exactement au même angle. Si, maintenant, vous désirez transformer en anamorphose un tracé en perspective normale, il vous suffit de percer de petits trous d'épingle les lignes principales, de faire passer une lumière au travers selon l'angle désiré et de dessiner l'ombre qui en résulte.

Parce que les anamorphoses sont difficilement reconnaissables, on s'en est souvent servi pour représenter des thèmes qu'il valait mieux éviter de soumettre à tous les regards. Regardez, par exemple, les deux gravures sur bois de l'artiste allemand du XVIᵉ siècle, Echard Schön, élève et successeur de Dürer. La *figure 43*, intitulée *Que voyez-vous ?*, représente apparemment,

43. *Que voyez-vous ?*, d'Echard Schön

en haut à gauche, Jonas rejeté par la baleine qui l'a avalé et, presque au centre sur la droite, un bateau avec trois hommes à son bord à la poursuite d'une autre baleine. Si l'on regarde la gravure à partir d'un angle aigu, en plaçant l'œil sur le rebord gauche de la page, nous voyons la scène paillarde d'un homme qui se soulage, sans se douter qu'un bélier le menace de ses cornes. Dans la gravure *Dehors, vieux fou ! (Figure 44)*, nous voyons sur la gauche un vieillard faire des avances à une jeune femme qui lui vole sa bourse pour la remettre à son amant; à droite, et vue sous le même angle que précédemment, la scène représente l'issue inévitable d'une telle situation : le vieillard est dispensé de participer aux affaires privées des jeunes gens.

44. *Dehors, vieux fou !* d'Echard Schön

45. *Les ambassadeurs*, de Hans Holbein le Jeune

La plus célèbre des représentations anamorphes se trouve sans doute dans le tableau de Hans Holbein le Jeune, *Les ambassadeurs*, peint en 1533 *(Figure 45)*. Ce double portrait, qui se trouve à la National Gallery de Londres, représente Jean de Dinteville et son ami l'évêque Georges de Selve, ambassadeurs de France à la cour d'Angleterre. La précision avec laquelle sont rendus les personnages et les objets contraste nettement avec le flou de l'image distendue et ambiguë qui apparaît sur le plancher. Si nous regardons celle-ci à partir de la gauche, l'œil tout contre le mur du musée, il est évident qu'il s'agit d'un crâne humain *(Figure 46)*.

Certains critiques ont suggéré que Holbein fait là une allusion à la mort imminente de Dinteville, le tableau contenant par ailleurs des symboles de la nature transitoire de la vie humaine : le crucifix à moitié caché, au coin supérieur gauche, et la broche du chapeau de Dinteville, représentant un crâne. D'autres ont affirmé qu'il s'agit peut-être là simplement d'un calembour visuel sur le nom du peintre, *hohl bein* signifiant « os creux » en allemand.

46. Détail des *Ambassadeurs*

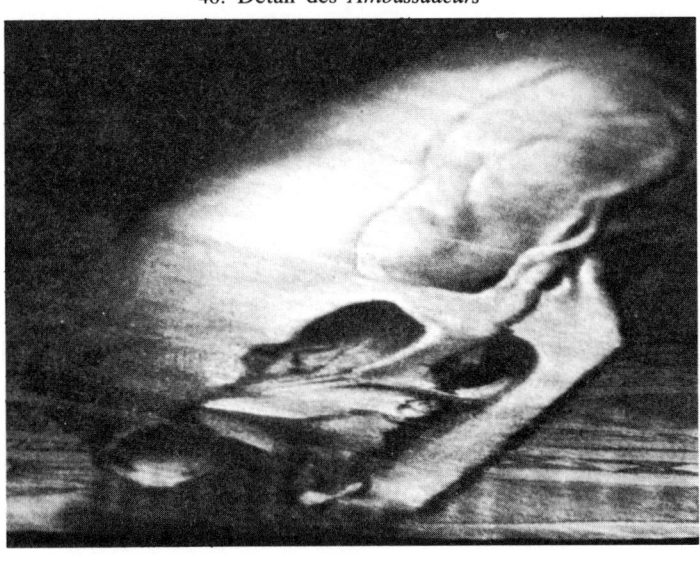

47. Anamorphose à miroir cylindrique, de Kettle

Ce fut au XVIIe siècle que l'on créa les premiers miroirs coniques et cylindriques à images anamorphes. Quand le cône ou le cylindre était placé au centre de l'image, apparaissait sur le miroir, en perspective correcte, la représentation cachée. L'intérêt pour ces objets ne fit que croître à la fin du XVIIe et au XVIIIe siècle, comme en témoignent les nombreuses créations des artistes anglais, français, allemands et hollandais de l'époque. Le miroir cylindrique de la *figure 47* reflète une anamorphose de l'Anglais Henry Kettle, *Vénus endormie découverte par l'Amour*.

L'art anamorphe retrouva un second souffle à la fin du XIXe siècle. Ainsi, en 1870, le Hollandais J. W. Schwenck dessina un château, où il n'utilisa que quelques-unes des caractéristiques de l'anamorphose — l'objet semble sortir de la page et posséder trois dimensions — mais de manière parfaite *(Figure 48)*. Vous pouvez expérimenter vous-même cette extraordinaire illusion en plaçant le bout de votre nez sur le bas de la page et en regardant vers le haut, tout en maintenant le livre à l'horizontale.

48. *Château*, anamorphose de Schwenck

49. *Fausse perspective*, de Hogarth

Quittons les anamorphoses pour examiner la gravure du maître anglais du XVIIIe siècle, William Hogarth *(Figure 49)*. Cette estampe servit de frontispice à son ouvrage sur la perspective, *Analyse de la beauté* (1753). Elle fait ressortir l'importance des règles de la perspective en ayant l'air de s'en moquer, car le dessin présente nombre de connexions impossibles : ainsi, la canne à pêche de l'homme à droite au premier plan se trouve au-delà de celle du garçon assis sur la berge et au-delà de la femme à la fenêtre qui donne du feu à l'homme debout sur la colline. Toutes ces incohérences tiennent à l'illusion de la profondeur. Hogarth parvient à mettre en rapport des personnages et des objets, alors que la distance entre eux ne le

50. *En bas et en haut*, d'Escher

permettrait pas, si la véritable perspective était respectée. Pourtant le plan d'ensemble semble cohérent au premier coup d'œil.

Escher a lui aussi créé plusieurs paradoxes de perspective fort habiles. Ainsi, dans sa lithographie de 1947, *En bas et en haut (Figure 50)*, le même point de fuite sert de zénith et de nadir. Si nous regardons d'abord la partie inférieure du dessin, nous nous trouvons devant une petite place; sur l'escalier à gauche, un garçon regarde au-dessus de lui une jeune fille à sa fenêtre. Toutes les lignes verticales s'incurvent vers le haut, obligeant le regard à remonter au centre de la gravure, où nous apercevons un plafond carrelé.

C'est là que la perspective change brusquement, car, si le plafond est au zénith quand on regarde à partir du bas, il devient le sol et se trouve au nadir du point de vue que présente la partie supérieure du dessin. Nous avons soudain une vue aérienne de la même place : à gauche, le garçon est toujours assis sur l'escalier, occupé à regarder la fille au-dessus de lui. Mais, maintenant, toutes les lignes descendent vers le même espace carrelé, devenu le sol. Il y a en fait trois carrelages : en bas, au sommet et au milieu, où, comme nous l'avons vu, il possède un double emploi.

C'est l'ambiguïté de cet espace central qui crée le paradoxe. Le dessin lui-même signale les forces contradictoires qui entreraient en jeu si la structure représentée pouvait exister. Descendons l'escalier pour entrer dans la tour située à droite au centre de l'image. Mais prenons garde ! Il s'agit d'un endroit étrange. En effet, le mur connexe à la façade de la tour possède une fenêtre qui paraît à l'envers. Cette fenêtre n'est pas paradoxale, vue d'en bas, car elle est alors orientée dans le même sens que toute la partie inférieure de la gravure. Mais, si nous voulons croire à la réalité de celle-ci, la fenêtre doit se trouver au même niveau que le porche et l'escalier de la maison de gauche. Il y a donc nécessairement une frontière séparant le haut du bas : en fait, ce rôle est joué par le point de fuite utilisé de deux façons différentes.

Plus complexe est le paradoxe que nous présente la gravure sur bois de 1947, *Autre monde (Figure 51)*. Nous apercevons au centre un être mi-homme mi-oiseau posé sur le rebord d'une arche s'ouvrant sur un sinistre paysage lunaire : nous avons là affaire à une perspective classique où le point de fuite se situe sur la ligne d'horizon. Si nous baissons les yeux, le point de fuite se trouve au zénith et c'est d'en bas que nous voyons la créature, le

51. *Autre monde*, d'Escher

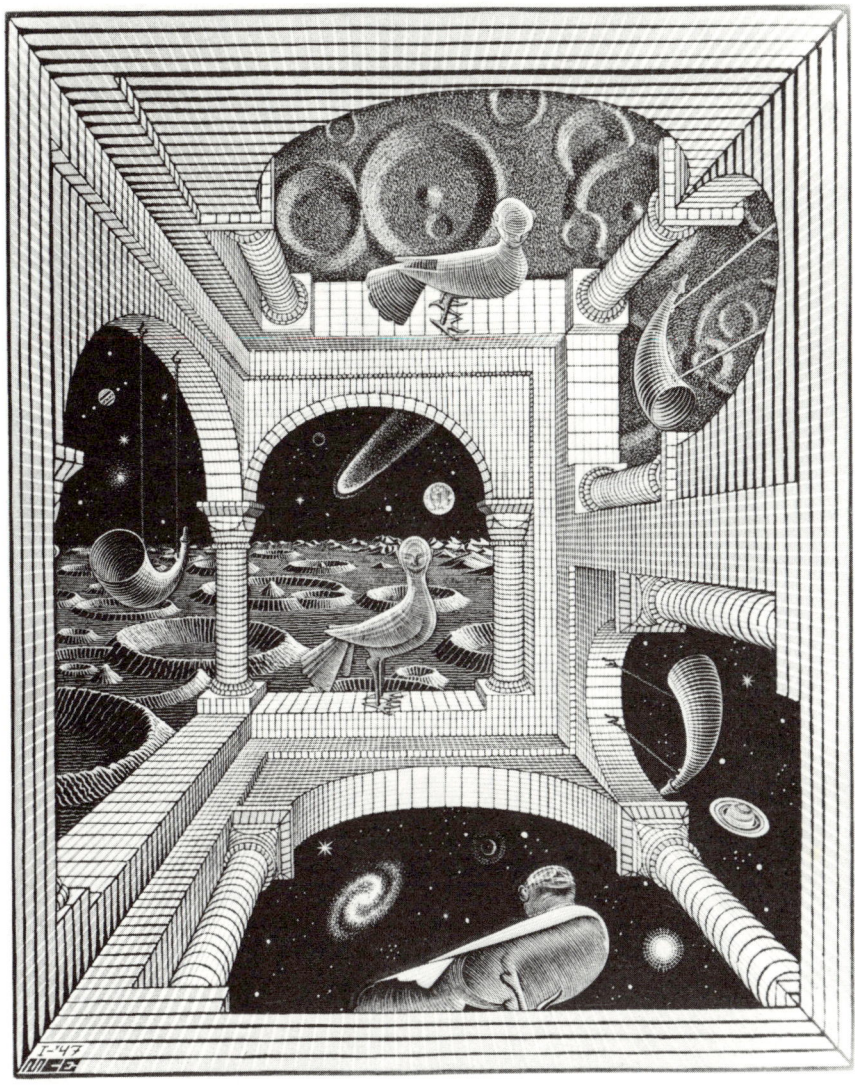

fond étant constitué par un ciel inquiétant. En haut de la gravure, c'est en vue aérienne que nous apparaît le monstre, le point de fuite se situant au nadir.

Remarquons que les lignes verticales au centre deviennent des horizontales dans les deux autres perspectives. Quant aux lignes horizontales, il est à noter que la plus basse dans la perspective « en contre-plongée » devient la plus haute dans la perspective

« en plongée ». De la même façon, la partie supérieure de la perspective vue d'en bas devient le sol dans la perspective horizontale. Le tracé des lignes des murs et des trois doubles arches à angle droit contribuent à la fois à renforcer chaque perspective et à unifier le dessin.

Dans une lithographie de 1953, *Relativité (Figure 52)*, Escher utilise trois points de fuite différents pour réunir en un seul dessin trois mondes différents. En bas au centre, nous voyons un humanoïde sans visage monter un escalier. S'il prend sur sa gauche, il va gravir d'autres marches et trouver face à lui un jardin, avec de chaque côté un escalier dont chacun est emprunté par d'autres créatures faisant partie du même monde que le sien.

52. *Relativité*, d'Escher

Si nous revenons à notre point de départ et portons maintenant les yeux un peu plus haut sur la droite, nous constatons quelque chose de bizarre. En effet, un autre humanoïde, transportant sur un plateau un gobelet et une bouteille, apparaît dans un espace orienté à angle droit par rapport au premier groupe. Plusieurs créatures habitent ce second monde, dont celle qui est assise et lit devant un escalier, une autre qui gravit des marches et deux personnages mangeant dans le jardin de droite.

Le troisième groupe est lui aussi orienté à angle droit par rapport au premier, mais cette fois sur la gauche. L'un de ces êtres étranges, en bas à gauche, transporte un panier, un autre un sac sur le dos, un troisième descend un escalier, tandis qu'en haut quelqu'un observe derrière un muret, non loin d'un couple qui se promène à l'extérieur.

Chaque groupe pris à part habite un univers parfaitement logique, univers par rapport auquel les deux autres sont absurdes. Ce qui se trouve être une porte pour un groupe ne peut qu'être une trappe pour un autre, les murs deviennent des sols, les plafonds des murs, et ainsi de suite. Remarquez également que les trois grands escaliers sont empruntés de façon contradictoire. Parce que les points de fuite sont situés bien au-delà de l'espace pictural, Escher peut se servir de tous ces détails pour nous offrir un tableau unifié de cet univers paradoxal, où trois plans différents constituent l'arrière-fond.

Cette situation présente une analogie avec le monde réel, celui de l'exploration de l'espace. En effet, une fois disparue la force de gravité, aucun plan de l'espace n'est privilégié par rapport aux autres. Il serait donc possible à trois astronautes en état d'apesanteur de prendre en même temps les trois orientations présentées sur la gravure. Mais, dans une telle situation, la gravitation ne joue plus, alors qu'Escher voudrait nous faire croire que trois forces de gravité sont à l'œuvre en même temps.

Le type le plus élaboré de paradoxes de la perspective est peut-être la perception d'objets à trois dimensions produisant des images ambiguës, sinon impossibles. Les créations du psychologue américain Adelbert Ames : une pièce et une chaise paradoxales *(Figures 53 et 54)* en sont de bons exemples. Ce n'est qu'à partir d'un seul point que la pièce déformée de Ames apparaît comme une pièce rectangulaire ordinaire, alors qu'en fait elle est très déformée. Le coin gauche du mur du fond est deux fois plus éloigné de nous que le coin droit *(Figure 53a)*.

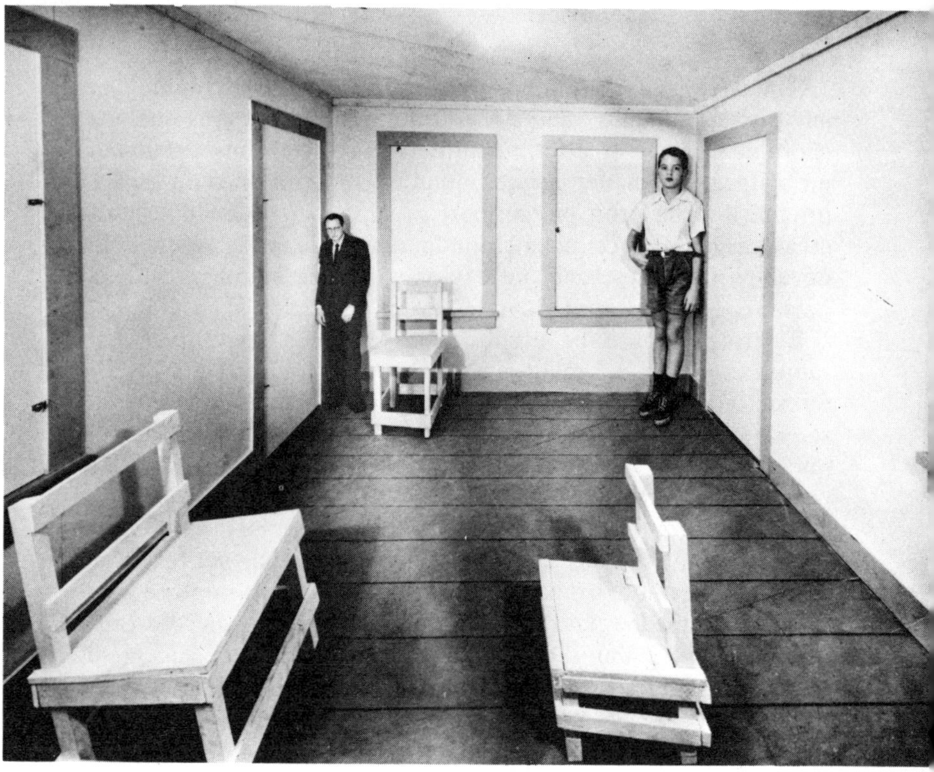

53. La pièce déformée d'Ames

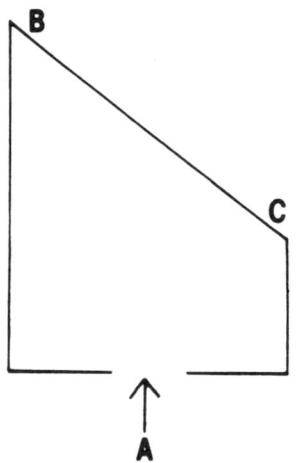

53a. Diagramme de la pièce déformée d'Ames. Le paradoxe de perspective n'a lieu que quand on regarde à partir du point A; si l'on change de point de vue, la différence de profondeur entre AB et AC devient évidente.

Cette différence de distance explique l'illusion qui rend le jeune garçon plus grand que l'adulte. Il n'y a qu'un seul point à partir duquel la pièce paraît normale : si nous changeons d'angle de vue, la déformation devient évidente, ce qui supprime le paradoxe. Cela est également vrai de la chaise de Ames *(Figure 54)* : ce n'est que vue d'un seul point qu'elle apparaît comme une chaise, alors qu'il s'agit en fait d'un treillis de fils de fer et d'un quadrilatère.

Selon R. L. Gregory, les recherches de Ames nous amènent à penser que chaque objet à trois dimensions imprime sur la rétine une image ambiguë, pouvant en toute logique être interprétée de deux manières ou plus. Le véritable paradoxe, ajoute-t-il, tient dans la promptitude avec laquelle le cerveau humain identifie les objets qui nous entourent.

54. Deux points de vue sur la chaise d'Ames

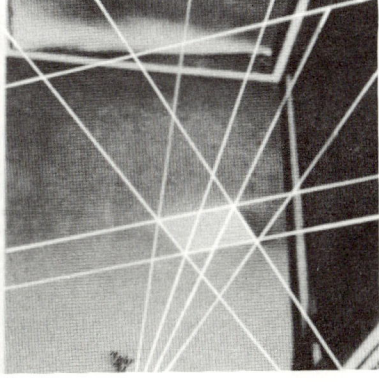

5. LES ILLUSIONS D'OPTIQUE

Une illusion d'optique est une expérience optique qui semble contredire la réalité. Une telle définition fait implicitement appel à une distinction entre les expériences subjectives — et la perception visuelle en est une — et l'objectivité du monde réel. De là, le fait qu'on considère souvent l'illusion visuelle comme une « mauvaise lecture » des messages envoyés par certains objets ou images.

Parmi les plus communes de ces illusions se trouvent les interprétations erronées de lignes et d'angles. L'une d'elles, souvent reproduite dans les livres pour enfants, est l'illusion du chapeau haut de forme *(Figure 55)*, qui semble plus haut que large, alors que sa hauteur et sa largeur à la base sont égales. De même, dans l'illusion de Zusne *(Figure 56)* la ligne CD semble plus longue que la ligne AB, tout en étant de longueur égale. Dans les deux cas il s'agit de la même illusion. Mais quelle en est la cause ?

Les premiers chercheurs qui ont étudié ces illusions pensaient qu'elles avaient lieu parce que les yeux se déplacent plus aisément dans le sens horizontal que dans le sens vertical. Mais ce

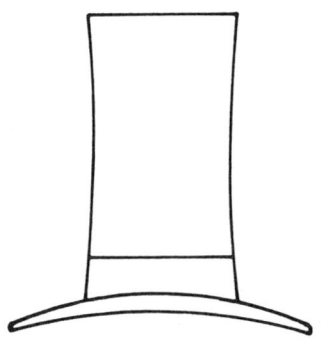

55. L'illusion du chapeau haut de forme

n'est pas la vraie raison, comme nous le prouve la *figure 57* où se produit une illusion analogue à celle de la *figure 56*, mais dans le sens contraire. L'explication généralement admise de ce phénomène est que le cerveau perçoit les lignes horizontales, dans les *figures 55* et *56*, comme plus courtes parce qu'elles sont divisées par des lignes verticales. C'est pour la même raison que la verticale de la *figure 57* paraît plus courte que l'horizontale.

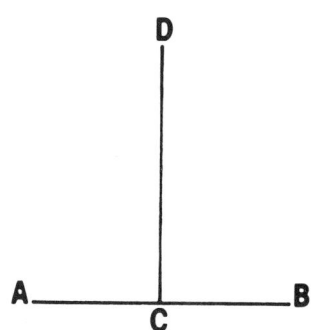

56. L'illusion de la ligne horizontale divisée

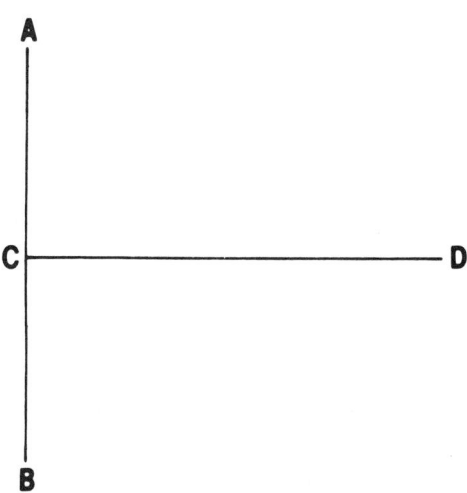

57. L'illusion de la ligne verticale divisée

Un phénomène analogue se produit dans les célèbres illusions de Ponzo et de Müller-Lyer *(Figures 58 et 59)*. Dans le dessin du psychologue italien Mario Ponzo, la ligne horizontale du haut paraît plus longue que l'autre; dans celui du psychiatre allemand Franz Müller-Lyer, c'est la flèche dont les pointes se dirigent vers l'intérieur qui semble plus longue.

Selon la théorie la plus communément admise, notre erreur vient de ce que nous ne pouvons nous empêcher de percevoir ces lignes comme appartenant à un monde à trois dimensions. Et cela est vrai alors même que nous savons qu'elles sont bidimensionnelles et qu'il n'existe pas de second plan pour distraire notre attention. Dans les deux illusions, nous évaluons de manière erronée les longueurs des lignes en question, en d'autres termes nous les « lisons » mal. De fait, même sans information sur la

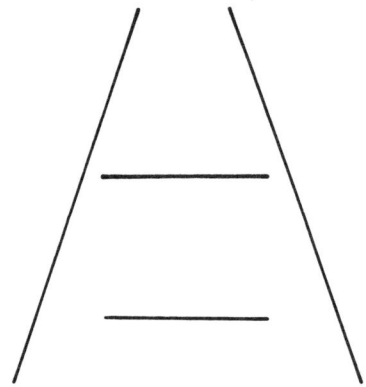

58. L'illusion de Ponzo

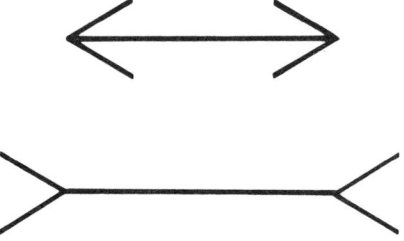

59. L'illusion de Müller-Lyer

profondeur, puisque toute impression de relief est supprimée, les images sont encore perçues comme possédant trois dimensions : donc, l'illusion persiste.

On pense le plus souvent que la persistance de telles illusions est due à l'habitude que nous avons d'observer des images similaires, qui ne sont pas nécessairement paradoxales. Remarquez, par exemple, que les perceptions d'un coin intérieur et d'un coin extérieur d'une pièce produisent le même effet que l'illusion de Müller-Lyer *(Figures 60 et 61)* : quand les lignes du plancher et du plafond se dirigent vers l'extérieur *(Figure 60)*, la verticale semble plus longue que dans le cas contraire *(Figure 61)*. Quand

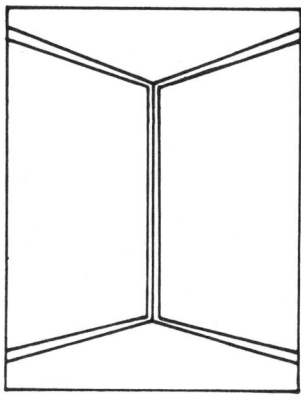

60. Vue intérieure d'un coin

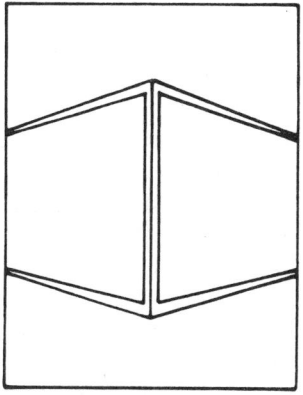

61. Vue extérieure d'un coin

des membres de tribus africaines, qui n'ont guère l'habitude des maisons à angles droits et des techniques picturales de la perspective, voient des dessins semblables, ils ne sont pas victimes de l'illusion : pour eux, les lignes horizontales de Ponzo et de Müller-Lyer ont la même longueur. La tradition culturelle et son constant renforcement esthétique rendent les Occidentaux incapables de ne pas voir de différence entre les deux longueurs.

Une autre illusion d'optique faisant appel à des lignes et des angles, nous est présentée dans la fameuse illusion des lignes parallèles, due au photométriste allemand Johann K. F. Zöllner *(Figure 62)*. Si l'on regarde attentivement la figure, il semble que

62. L'illusion de Zöllner

les lignes verticales convergent dans la direction opposée à celle des segments qui les croisent, et vice versa. Donc si, en partant de la gauche, vous examinez la surface comprise entre les deux premières parallèles, en allant de haut en bas, les deux verticales vous sembleront s'écarter l'une de l'autre. De même, si vous examinez l'espace compris entre les deux lignes suivantes, en regardant du bas vers le haut, vous observerez le même phénomène dans la direction opposée. En réalité, toutes les verticales sont parallèles. Nous devons des illusions semblables aux allemands Ewald Hering et Wilhelm Wundt *(Figures 63 et 64)*.

Le contexte dans lequel nous observons un objet ou une image peut produire l'illusion par comparaison ou contraste. Ainsi, dans la *figure 65*, le cercle le plus proche du sommet de l'angle paraît plus grand que l'autre : en réalité, ils sont tous deux de la

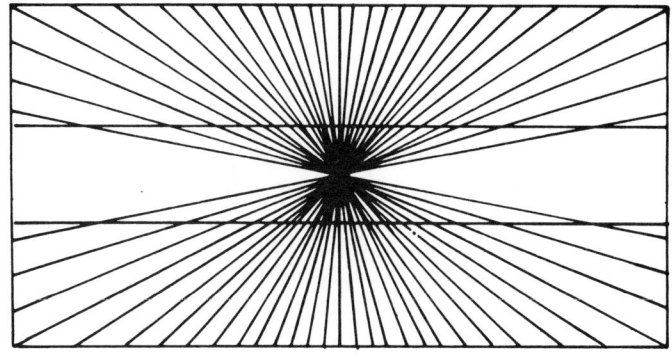

63. L'illusion de Hering

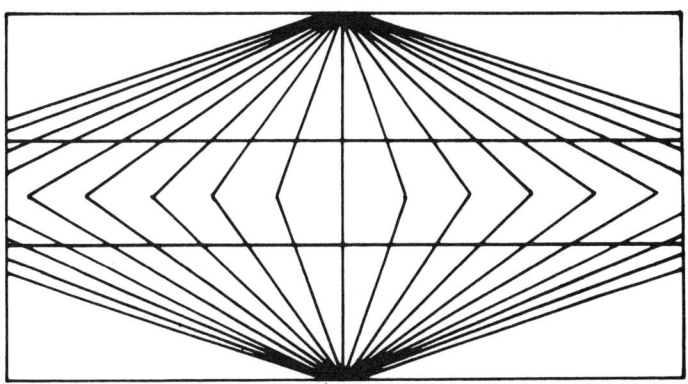

64. L'illusion de Wundt

même taille. De même, bien que les deux cercles centraux de la *figure 66* (illusion de Titchener et Delbœuf) soient également de la même taille, celui de gauche semble plus petit. Les illusions dans ces deux figures sont simplement dues au contexte dans lequel nous observons, comparons et opposons les cercles.

L'illusion créée par Johann Christoff Poggendorff est un peu différente de celles déjà examinées *(Figure 67)*. Nous y voyons une ligne oblique coupant un rectangle. Le problème est de déterminer lequel des segments de droite prolonge le segment de gauche. Il semble d'abord que ce soit le segment supérieur. En fait, c'est le segment inférieur. Vous pouvez le vérifier à l'aide d'une règle. Contrairement aux illusions précédentes, il suffit de

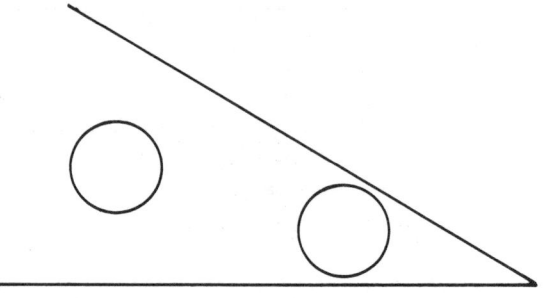

65. Illusion par contraste, I

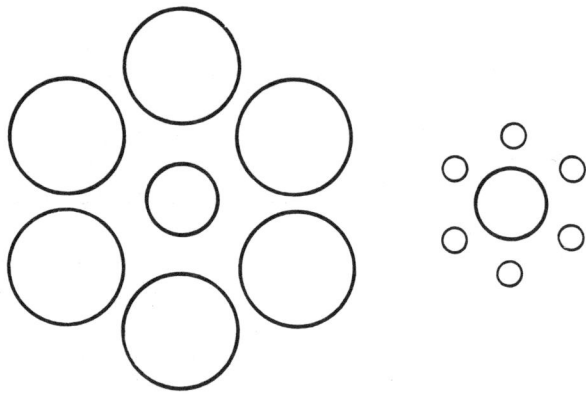

66. Illusion par contraste, II

retourner la figure, de façon que la ligne qui coupe le rectangle soit horizontale ou verticale, pour que l'illusion disparaisse.

Ces illusions géométriques peuvent être produites non seulement par des lignes droites et des angles, mais également par des cercles et des spirales. Ainsi, si l'on fait tourner dans le sens contraire des aiguilles d'une montre une spirale semblable à celle de la *figure 68* — sur un plateau de tourne-disque, par exemple —, elle semblera s'élargir; si on la fait tourner dans le sens inverse, elle paraîtra se rétrécir.

Si on laisse tourner la spirale dans l'un ou l'autre sens pendant un moment et qu'on arrête brutalement le mouvement, elle semble encore bouger, mais dans la direction opposée : une spirale en extension se contracte, et vice versa. Si vous fixez ensuite un objet quelconque, celui-ci semblera grandir ou

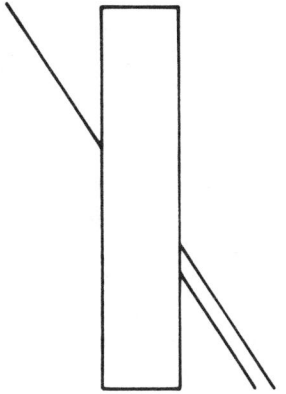

67. L'illusion de Poggendorff

68. L'illusion de la spirale

rapetisser, dans le sens contraire à celui de la spirale. Selon toute apparence, de telles expériences provoquent dans le cerveau une sorte de « freinage » visuel, comme s'il voulait se défendre contre le mouvement tourbillonnant de la spirale : quand l'image s'arrête brusquement, il lui faut un moment avant de s'adapter.

J. Frazier a réalisé, à l'aide de cercles concentriques, une série impressionnante d'illusions d'optique. La *figure 69* nous montre une corde torsadée lovée en spirale sur un quadrillage de losanges. La *figure 70* nous présente une série de cordes également torsadées, en forme d'écrans de télévision, se détachant sur un fond semblable. L'étonnant est que, dans les deux cas, il s'agit de cercles concentriques. Vous pouvez le constater en passant votre doigt ou un stylo sur les cordes. Plusieurs facteurs contribuent à créer l'illusion comme les torsades noir et blanc et la manière dont les cercles coupent les losanges à l'arrière-plan. Dans la figure 69, les cordes et le fond forcent notre regard à se diriger vers le centre, donnant ainsi l'illusion d'une spirale, illusion à laquelle notre cerveau ne peut résister.

69. L'illusion des cordes de Frazier, I

70. L'illusion des cordes de Frazier, II

Un autre type d'illusion d'optique est dû à l'effet de contraste de la luminosité. Ainsi, si vous regardez pendant quelques instants la grille de la *figure 71*, vous remarquerez des taches grisâtres aux intersections des bandes blanches. Fixez l'une de ces taches grises : vous la voyez disparaître et les taches voisines s'assombrir. La cause de ce phénomène est probablement à chercher dans le fait que le contraste entre le noir et le blanc aux intersections est moins fort qu'entre les carrés. Plus le contraste entre deux surfaces voisines est important, plus l'espace clair paraît blanc et large. En conséquence, le contraste étant moins fort aux intersections, nous y percevons le blanc comme moins blanc, c'est-à-dire gris en comparaison.

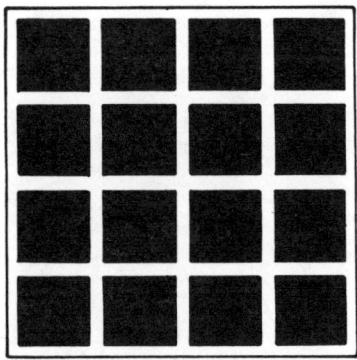

71. L'illusion de la grille

Le fond sur lequel se découpent une figure ou un objet affecte également notre perception de ceux-ci. Dans la *figure 72*, les bandes grises sur fond noir paraissent plus claires que celles sur fond blanc. En fait, elles sont du même gris, les différences dans la perception des bandes étant dues à la différence de contraste par rapport au fond.

La luminosité et le contraste peuvent aussi fausser notre perception de la taille des objets et des images. Plus l'objet est clair, plus il paraît grand. Ainsi, dans la *figure 73*, les carrés centraux sont de taille identique, mais celui de droite paraît plus grand. On explique généralement ce phénomène par le fait que

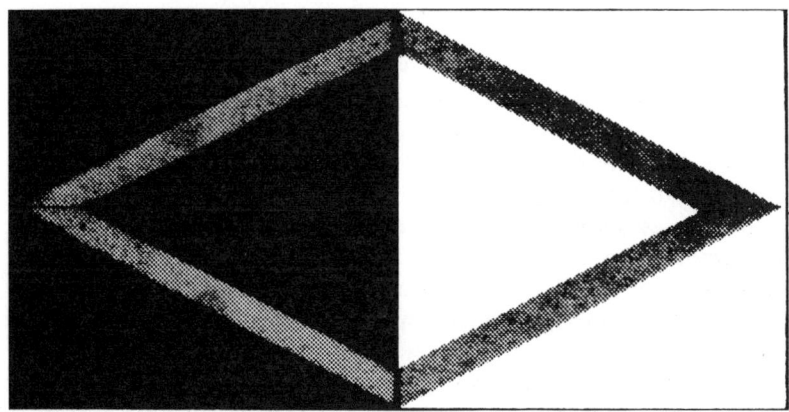

72. Illusion par contraste de luminosité

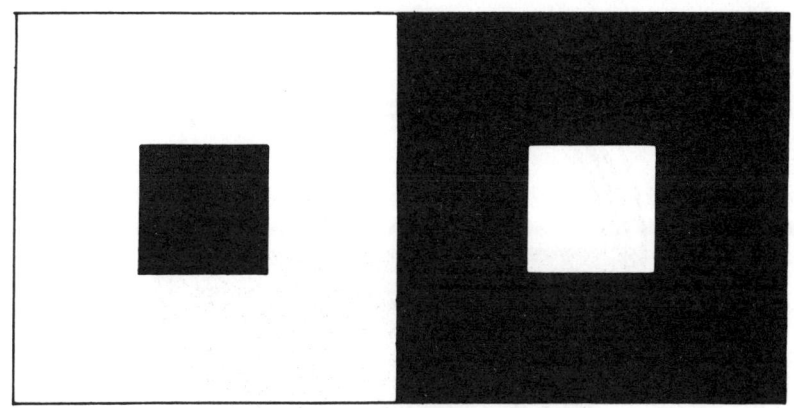

73. Illusion de perception de la taille

plus un objet est brillant, plus il affecte les cellules visuelles de la rétine, sensibles à la lumière. Une forte excitation lumineuse alerte non seulement les cellules directement touchées, mais aussi les cellules voisines : ce qui fait que l'image s'étend et donc semble un peu plus grande que sa taille réelle.

Cette excitation des cônes et des bâtonnets de la rétine, qui sont les cellules photoréceptrices de l'œil, provoque également des illusions de couleur. Ainsi, si vous faites tourner très vite autour de la pointe d'un stylo un disque semblable à celui de la *figure 74*, les tons noir et blanc produiront une couleur, qui dépendra de la vitesse de rotation. Cette illusion est due au fait que les cellules sensibles au rouge, au bleu, au vert possèdent des constantes de temps différentes : le disque, en tournant, stimule ces cellules à des intervalles différents, créant ainsi la sensation de couleur.

L'éclairage peut aussi modifier notre perception des objets concaves ou convexes. Ainsi, la photographie d'un bas-relief et celle d'une intaille identique peuvent toutes deux donner l'impression de concavité, sous un éclairage adéquat. La photographie d'un fossile, reproduite *figure 75*, produit une illusion semblable : à première vue, le fossile se trouve en bas et son moulage en haut. Mais, si nous retournons la photo, nous avons la sensation inverse. Cette illusion est due au déplacement des ombres sur les rayons concentriques des coquilles lorsque nous changeons de point de vue.

Toutes les illusions d'optique ne sont pas de création humaine.

74. Illusion du disque coloré

75. L'illusion du fossile concave ou convexe

La plus ancienne et la plus discutée des illusions d'origine naturelle est peut-être la différence apparente de la taille de la Lune à l'horizon et à son zénith. Elle semble plus grande lorsqu'elle se trouve à l'horizon, alors que, dans ce cas, elle est plus éloignée de la Terre que lorsqu'elle se trouve au zénith, et devrait donc paraître plus petite. Vous pouvez expérimenter vous-même ce phénomène. La prochaine fois que vous serez face à un beau soleil couchant, tournez les yeux à droite ou à gauche, mais en les tenant sur le même plan que le Soleil. Sur votre rétine persistera une image de même taille que le Soleil. Mais, si vous levez les yeux vers le ciel, l'image vous paraîtra beaucoup plus petite qu'à l'horizon. Que faut-il penser de cette illusion inattendue ?

Plusieurs explications ont été proposées. Selon l'une, l'illusion se produit parce que *nous nous attendons* à ce que les objets situés à l'horizon soient plus proches de nous que ceux qui se trouvent plus haut dans le ciel : nous nous attendons donc à les voir plus grands. Une autre théorie avance qu'inconsciemment nous considérons le ciel comme une voûte surbaissée, ce qui expliquerait la taille apparente de l'astre à l'horizon. Ce sont là des hypothèses psychologiques. D'autres affirment que le phénomène est dû à des conditions atmosphériques. A l'heure actuelle, aucune explication n'emporte définitivement l'adhésion.

6. LES DISPARITIONS GÉOMÉTRIQUES

Le type le plus simple de disparition géométrique est la perte de la totalité ou d'une partie d'une ligne. Par exemple, considérons le rectangle de la *figure 76*, comportant sept lignes verticales divisées en diagonale par une ligne discontinue.

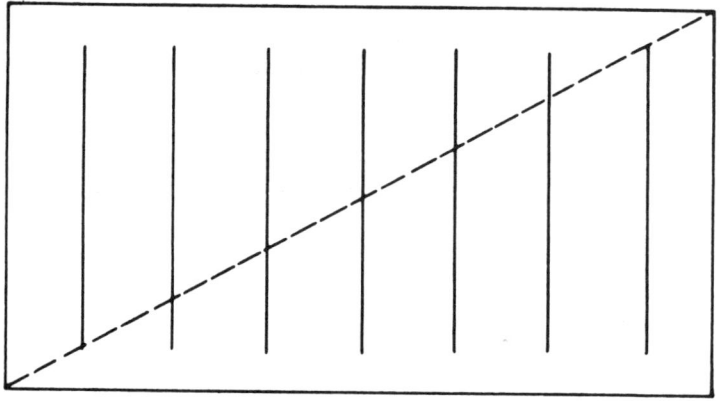

76. Paradoxe de la ligne disparaissant, I

Si l'on découpe le rectangle en suivant la diagonale et que l'on rapproche les deux morceaux ainsi obtenus, mais en déplaçant la partie inférieure d'un intervalle sur la gauche, on s'aperçoit qu'il ne reste que six lignes verticales (*Figure 77*). Qu'est-il advenu de la septième ?

Les pertes apparentes de surface offrent un cas plus compliqué de disparition géométrique. Examinons ainsi le rectangle de la *figure 78* : la surface entière comprend 65 petits carrés, produit des 5 unités de haut sur les 13 de large. Découpons maintenant ce rectangle selon les lignes indiquées en gras et, avec les morceaux, reconstituons un carré *(Figure 79)*. Rien de paradoxal en apparence, jusqu'à ce que nous calculions l'aire de la nouvelle

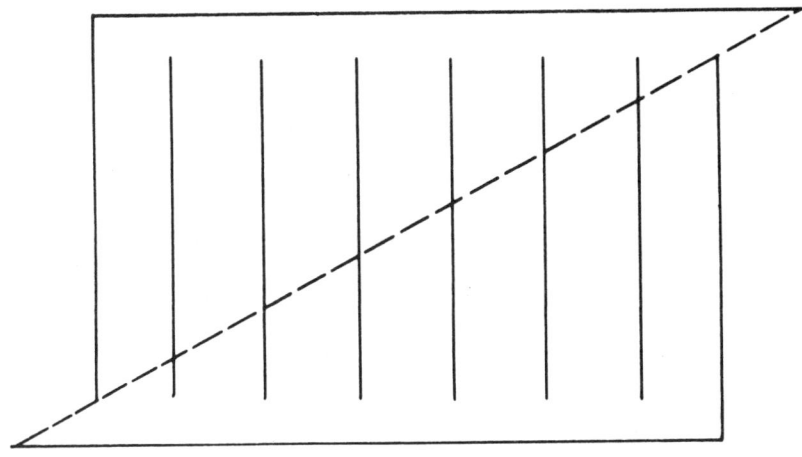

77. Paradoxe de la ligne disparaissant, II

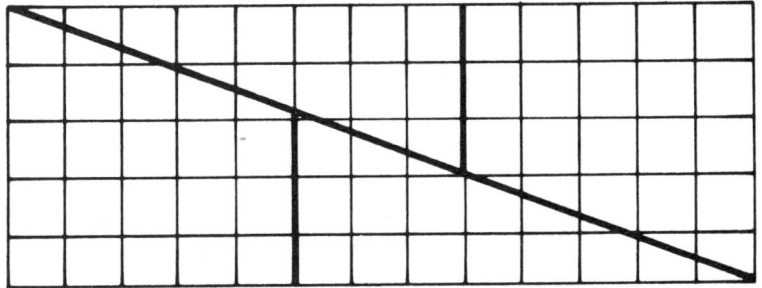

78. Paradoxe du carré disparaissant, I

figure : elle est de 8 unités sur 8, et ne comprend donc plus que 64 petits carrés. Où est passé celui qui manque ?

Toutes les disparitions géométriques consistent en une figure dessinée qui, une fois découpée en morceaux et disposée d'une autre façon, présente dans sa nouvelle configuration une perte ou un gain de ligne ou de surface. La cause du paradoxe de la ligne disparaissant est en fait très simple : les longueurs des lignes originales sont redistribuées de façon telle que chacune des six lignes obtenues est un peu plus longue que chacune des sept lignes précédentes. Bien que la différence ne soit pas très

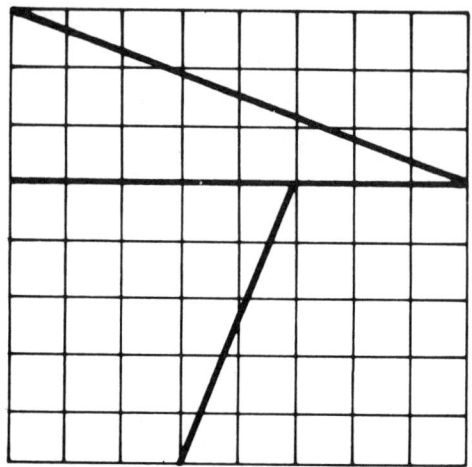

79. Paradoxe du carré disparaissant, II

perceptible, ces additions minimes donnent, si nous en faisons la somme, la longueur exacte de la ligne manquante.

L'explication du paradoxe de la surface manquante est quelque peu différente. D'un point de vue pragmatique, l'apparence de gain ou de perte de surface est due au réarrangement des morceaux. En fait, dans la figure 79, les bords ne coïncident pas exactement, mais forment un petit parallélogramme quasi imperceptible, et non un carré parfait. Cela deviendrait évident si la figure était beaucoup plus grande et construite avec le plus grand soin. Les illustrations de disparitions comportent généralement des lignes manquantes : celles-ci, ainsi que les irrégularités des bords résultant du découpage, sont la cause de ces mystérieux gains ou pertes de surface.

D'un point de vue théorique, il est à noter que les disparitions de surface font intervenir la plupart du temps des segments de droite dont les longueurs forment une série de Fibonacci, c'est-à-dire une série dans laquelle chaque nombre est la somme des deux nombres précédents : 1, 1, 2, 3, 5, 8, 13, 21, 34, 55, 89, etc. Dans notre exemple du carré et du rectangle, les figures ont des côtés de 5, 8 et 13, unités formant ainsi une partie de la série de Fibonacci. Et, comme le remarque Martin Gardner dans *Mathématiques, magie et mystère*, l'une des propriétés fondamentales d'une telle série est que, si l'un des nombres qui la constitue est porté au carré, ce nombre sera égal au produit des deux nombres situés avant et après lui, *plus ou moins une unité*. Ainsi, $8^2 = 64$ et $5 \times 13 = 65$.

Deux des plus beaux exemples de disparition géométrique datent de la fin du XIXe siècle. Le paradoxe de l'œuf disparaissant *(Figure 80)* est en fait une variante de celui de la ligne des figures 76 et 77, à la différence que chaque rangée d'œufs est disposée en diagonale, la ligne principale de découpage étant horizontale. En

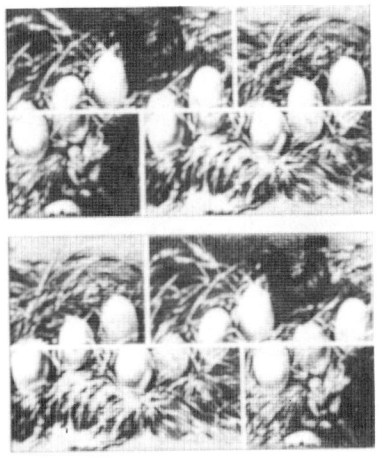

80. Paradoxe de l'œuf disparaissant

y ajoutant deux lignes verticales, on obtient quatre morceaux qui peuvent être redisposés de façon à obtenir des photos de six, sept, huit (Figure 80, en haut), dix (idem, en bas), onze ou douze œufs !

Plus célèbre encore est le casse-tête de Sam Loyd qu'il appelle *Quittez la Terre !* Cet inventeur de jeux de patience au début du siècle transforma ingénieusement une ligne droite en un cercle : son dessin ne comprend que deux morceaux, mais crée une série de disparitions et de réapparitions impressionnantes. Une fois le globe agrafé en son centre sur le cercle vide *(Figure 81)*, vous pouvez vous amuser à diriger la flèche vers le nord — et vous comptez treize guerriers chinois — ou vers le nord-ouest — et vous n'en avez plus que douze *(Figure 82)*.

Aujourd'hui, Paul Curry, mathématicien et magicien, a combiné les disparitions de ligne et de surface pour réaliser son paradoxe du lapin disparaissant *(Figure 83)*. Le premier rectangle, de 6 unités sur 13, comprend 78 cases, dont chacune contient la silhouette d'un lapin. Si l'on découpe ce rectangle selon les lignes indiquées, il donne, une fois redisposé, un nouveau rectangle, également de 6 unités sur 13, mais ne comportant plus que 77 lapins et une case vide. Il n'y a évidemment qu'un seul endroit où le lapin ait pu aller.

 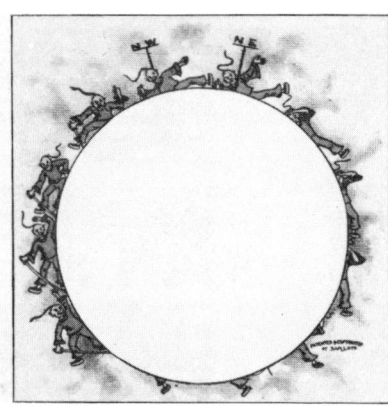

81. *Quittez la Terre !* I

 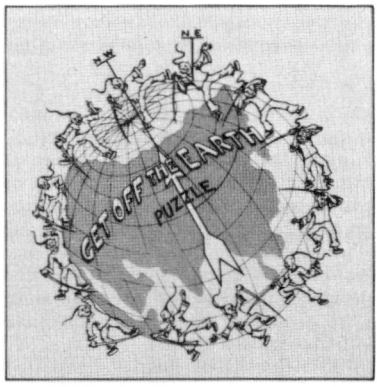

82. *Quittez la Terre !* II

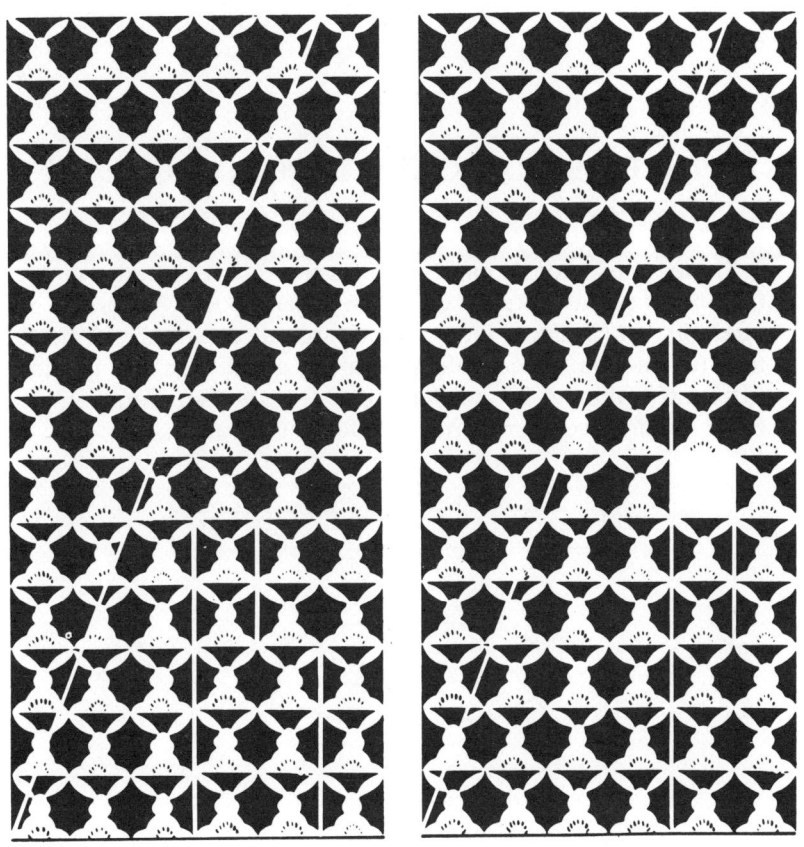

83. Paradoxe du lapin disparaissant

7. LES PARADOXES TOPOLOGIQUES

Prenez une bande de papier de 5 cm sur 35 cm et recollez-en les extrémités : vous obtenez un ruban à deux bords, supérieur et inférieur, et à deux faces, intérieure et extérieure. Prenez maintenant une bande identique mais, avant d'en recoller les extrémités, donnez-lui un demi-tour *(Figure 84)*. Combien de bords et de faces comporte ce nouveau ruban ?

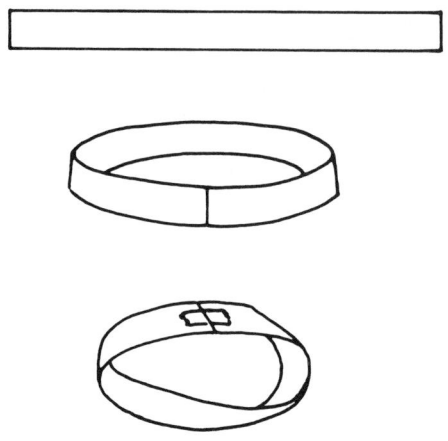

84. Comment fabriquer un ruban de Möbius

Question absurde, direz-vous. De toute évidence, il comprend deux bords et deux faces. Pourtant, deux expériences simples vont nous montrer qu'il y a dans cette curiosité topologique un paradoxe apparent. Prenez un stylo et commencez à tracer une ligne sur l'une des faces du ruban, sans lever le stylo du papier. Vous vous rendez bientôt compte que vous rejoignez votre point de départ et que toute la surface est marquée d'une ligne : votre ruban ne comporte donc qu'une seule face ! Passez maintenant votre doigt sur le bord du ruban, tout en le maintenant avec l'autre main : vous constatez que vous revenez à votre point de départ. Le ruban ne comporte donc qu'un seul bord, ce qui paraît logique s'il ne comprend qu'une seule face. Il faut donc en conclure que, d'une manière ou d'une autre, le demi-tour que nous avons donné à la bande de papier provoque la disparition d'une des faces et d'un des bords du ruban.

Les propriétés étonnantes de ce simple ruban étaient inconnues avant leur découverte au XIXe siècle par l'astronome et mathématicien allemand August Ferdinand Möbius. L'étude de telles figures à une seule surface constitue de nos jours l'un des chapitres les plus importants de la topologie. On peut réaliser d'autres expériences à partir du ruban de Möbius qui donnent toutes des résultats paradoxaux. Ainsi, si vous découpez le ruban en son milieu, comme le montre la *figure 85*, vous vous attendez probablement à obtenir deux bandes : en fait, vous vous retrouvez avec un ruban plus long. Si vous l'examinez attentivement, vous constatez qu'il comporte quatre demi-tours, deux faces et deux bords. Il ne s'agit donc pas d'un ruban de Möbius. Si vous découpez de nouveau ce ruban comme précédemment, ce n'est pas un ruban plus long encore que vous allez obtenir, mais deux rubans de Möbius entrelacés.

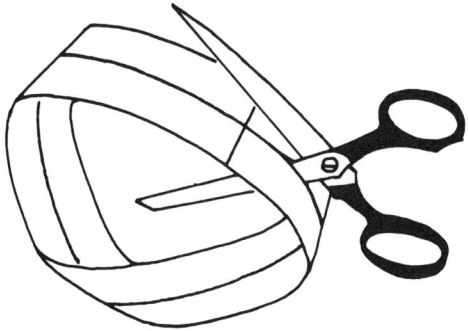

85. Comment découper un ruban de Möbius

L'explication géométrique de ce phénomène n'est pas difficile à saisir. Toute figure comportant un nombre impair de demi-tours est un ruban de Möbius, car il s'agit d'un objet topologique à une seule surface et un seul bord. Par exemple, si vous découpez en son milieu un ruban de Möbius auquel on a donné trois demi-tours, vous obtiendrez un seul ruban plus long, mais comportant huit demi-tours. Pour calculer le nombre de demi-tours obtenus en découpant un ruban de Möbius, il suffit de multiplier par 2 le nombre de demi-tours du ruban primitif, et d'ajouter 2.

Tout ruban de Möbius partagé en deux donne un ruban à deux faces et deux bords, avec toujours un nombre pair de demi-tours. Si l'on découpe à nouveau un ruban de ce type — qui n'est pas un ruban de Möbius —, on se retrouve avec deux rubans, chacun comportant le même nombre de demi-tours que le ruban original, et entrelacés ensemble en deux fois moins de boucles qu'il y a de demi-tours dans chaque anneau. Ainsi, si nous découpons un ruban à huit demi-tours, nous obtiendrons deux rubans, chacun avec huit demi-tours, et s'entrecroisant en quatre boucles.

Fabriquer un anneau de Möbius, c'est donner à la bande de papier un demi-tour, en d'autres termes c'est orienter les extrémités de la bande en sens contraire. Si un être à deux dimensions — comme ceux que l'on trouve dans *Flatland*, d'Edwin Abbott — vivait à la surface d'un ruban de Möbius et en faisait le tour, il reviendrait à son point de départ comme une image de lui-même au début de son périple.

Plus spectaculaires encore sont les propriétés paradoxales du ruban si nous construisons un double ruban de Möbius, en plaçant deux bandes de papier l'une sur l'autre et en leur donnant le demi-tour habituel avant de les recoller *(Figure 86)*. Il semble d'abord que nous n'ayons affaire qu'à deux rubans emboîtés : on peut le vérifier en passant une allumette ou un cure-dent entre les deux bandes, jusqu'à ce qu'on revienne au point de départ. Il y a donc un espace constant entre les deux bandes.

86. Comment fabriquer un double ruban de Möbius. Coupez deux bandes de papier d'à peu près 5 cm sur 35 cm. Tenez-les ensemble comme indiqué et donnez-leur un demi-tour. Reliez les extrémités de chaque côté avec un ruban adhésif, en prenant garde de ne pas rattacher chaque bande à l'autre.

Maintenant, si nous refaisons l'expérience du crayon, que nous avions réalisée sur le ruban de Möbius simple, et partons d'un point quelconque sur la bande extérieure, en prenant soin de placer le stylo au bas de la largeur du ruban, nous nous apercevons que, arrivés au niveau du point de départ, le crayon se trouve au-dessus de celui-ci et sur la bande intérieure. En continuant, nous revenons exactement à notre point de départ, après avoir fait deux fois le tour du double ruban. Donc, contrairement à notre première idée, les deux rubans ne sont pas emboîtés, mais il n'y a qu'un seul ruban à une face et un côté. Vous pouvez le vérifier en tirant sur les deux rubans comme si vous vouliez les séparer : vous vous trouvez face à un unique ruban plus long à quatre demi-tours !

Escher s'est inspiré de l'anneau de Möbius dans une gravure sur bois de 1963 *(Figure 87)*. Même si les couples de fourmis paraissent aller en sens contraire, elles se trouvent toutes sur le même plan, puisque le ruban ne comporte qu'une seule face. La présence des fourmis est une allusion à une version victorienne du paradoxe qui décrivait une fourmi parcourant le ruban sans jamais changer de côté.

Les spécialistes de la topologie considèrent le ruban de Möbius comme une surface « non orientable » que David Hilbert et Stephan Cohn-Vossen définissent ainsi : « Une surface est non orientable si et seulement si il existe sur la surface une courbe fermée... de telle sorte qu'un petit cercle orienté dans un sens et dont le centre traverse toujours la courbe revienne à son point de départ orienté dans le sens inverse. »

Felix Klein créa à la fin du XIXe siècle un autre paradoxe topologique faisant intervenir une surface fermée non orientable. A cette fin, il inventa une figure à deux dimensions dite « vase de Klein ». Il est important de noter que cette figure ne peut être construite dans un espace à trois dimensions sans que ses surfaces ne s'interpénètrent quoique, au moins en théorie, un modèle « parfait » à quatre dimensions soit possible. Comme le montre la *figure 88*, le « col » du vase de Klein se recourbe et entre dans le vase pour rejoindre l'autre extrémité ouverte, formant ainsi une seule surface unie et continue. Un modèle en trois dimensions présenterait un trou là où le col traverse le vase. Or, il s'agit ici d'une figure à deux dimensions : elle ne comporte donc pas de trou à l'endroit où se rencontrent le col et le côté du vase. La surface intérieure est en continuité avec la surface extérieure — tout comme les deux faces apparentes du ruban de

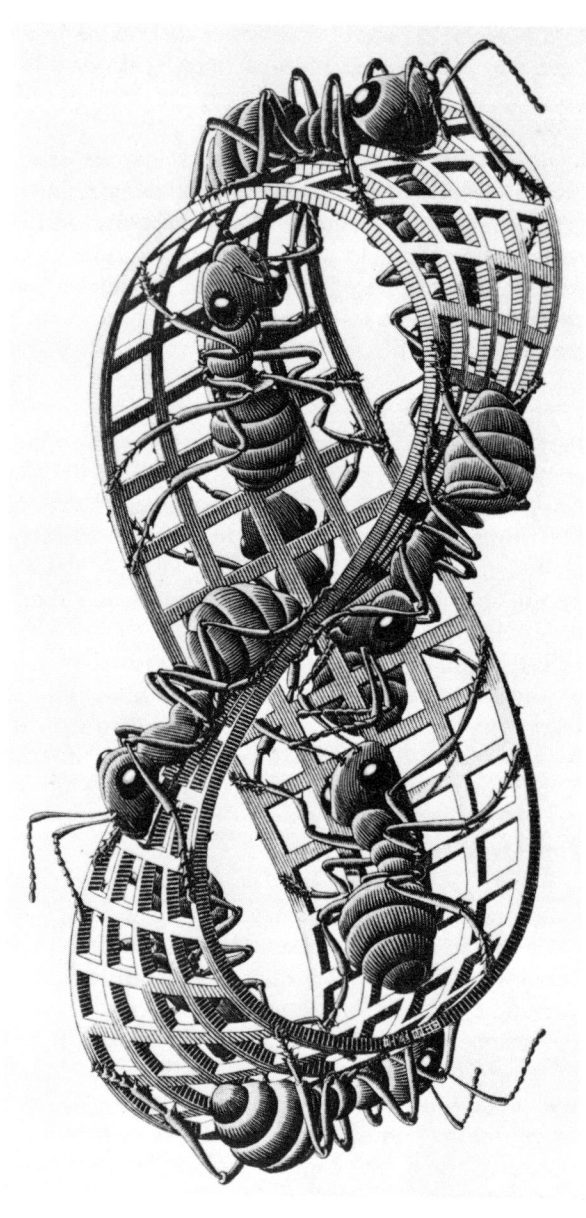

87. *Anneau de Möbius II*, d'Escher

Möbius — et cette surface comprend également ce qui apparaît comme un trou.

Comme l'écrit Martin Gardner, créateur de la rubrique des jeux mathématiques dans *Scientific American*, le vase de Klein présente plusieurs propriétés paradoxales, dont celle de ne posséder qu'un seul côté, sans face intérieure, sans face extérieure et sans bord. Les lecteurs intéressés trouveront, accompagnant l'article « Vases de Klein et autres surfaces », des plans simples — dessinés par l'écrivain de science-fiction Stephen Barr — pour construire un modèle en papier du vase de Klein. Ce modèle n'a qu'un défaut : il comporte une encoche là où les plans se croisent, correspondant au « trou » que présente une maquette en verre à trois dimensions de la même figure. Néanmoins, la construction du modèle en papier et les expériences qu'on peut faire sur lui rendent évidentes les propriétés paradoxales du vase de Klein, ainsi que sa relation avec le ruban de Möbius.

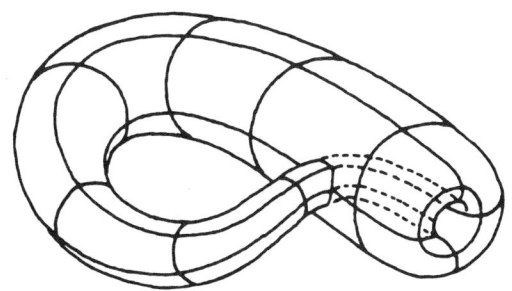

88. Le vase de Klein

D'ordre différent est le problème topologique de la carte à quatre couleurs. Il est de règle, sur les cartes géographiques et les mappemondes, de donner des couleurs différentes à deux pays possédant une frontière commune. En se fondant sur l'expérience des cartographes, on a longtemps considéré, de manière empirique, que quatre couleurs suffisaient pour n'importe quelle carte ou mappemonde. La *figure 89* présente une simple carte de quatre pays, dont chacun possède une frontière commune avec les trois autres. A l'évidence, elle ne peut comporter moins de quatre couleurs, si l'on veut respecter la règle énoncée ci-dessus.

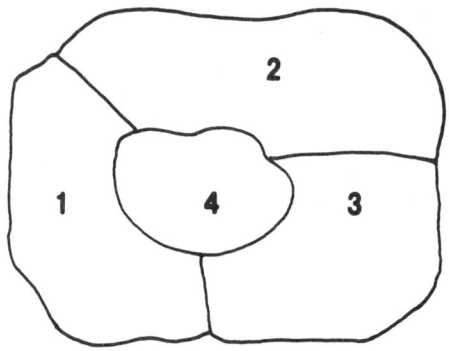

89. Le problème de la carte à quatre couleurs

L'origine du problème de la carte à quatre couleurs en mathématiques remonte à Möbius qui étudia une question similaire avec ses étudiants en 1840. Malgré plusieurs tentatives au XIXe siècle de savants renommés, aucun n'a pu prouver mathématiquement que seulement quatre couleurs suffisaient. Ils prouvèrent, au mieux, qu'il n'y avait pas besoin de plus de cinq couleurs. Il faut dire que l'état des mathématiques à cette époque ne permettait pas de résoudre le problème que la réalité posait en termes clairs.

Ce n'est qu'en 1977 que trois mathématiciens — Kenneth Appel, Wolfgang Haken et John Koch —, avec l'aide d'un ordinateur, présentèrent une « preuve » qui a été minutieusement revue et est, aujourd'hui, généralement admise. Cependant, cette nouvelle preuve, dite « théorème des quatre couleurs », a été attaquée au nom de principes philosophiques.

Voici, par exemple, l'argumentation de Thomas Tymoczko, présentée en 1979 dans *The Journal of Philosophy*. Il soutient que, si nous acceptons la preuve d'Appel, Haken et Koch, il nous faut alors transformer radicalement notre conception traditionnelle des mathématiques. Selon lui, la démonstration du théorème des quatre couleurs fait appel au traitement informatique de plus d'un millier d'informations « dont la plupart ne peuvent être saisies que par un ordinateur très performant ». Et nous acceptons la preuve alors même que les mathématiciens sont incapables de la vérifier. « Les mathématiciens, écrit Tymoczko, ne peuvent reconstituer les étapes qui leur manquent, même s'ils y consacrent leur vie; et elles ne sont nulle part consignées dans des archives. Ce qui est consigné, c'est l'évidence que, une fois, un ordinateur a exécuté toutes les étapes manquantes du raisonnement. Aussi ce serait une grave erreur de considérer le recours à l'ordinateur comme une simple commodité dont on pourrait théoriquement se passer, du même type que le recours aux articles publiés dans les revues. Bien sûr, faire appel à l'informatique constitue un gain de temps... Mais il est surtout important de voir que le processus de vérification, préservé dans la manière traditionnelle de présenter les preuves, ne l'est plus si l'on recourt aux ordinateurs. »

Tymoczko ajoute que, même si une solution mathématique au problème des quatre couleurs a été trouvée, elle a aussi créé un nouveau problème des quatre couleurs. Il semblerait que le fait d'accepter le théorème des quatre couleurs oblige les mathématiciens et les philosophes à transformer leur conception de la nature de la preuve mathématique : il faudrait en effet inclure des données empiriques obtenues à partir d'expériences comme le recours aux programmes d'ordinateurs dans la notion de preuve. Jusqu'à l'avènement du théorème des quatre couleurs et d'autres preuves effectuées par des ordinateurs, le concept de preuve déductive était considéré comme le paradigme de la pensée mathématique.

II

PARADOXES DE L'INFINI

8. LE PARADOXE DU BATRACIEN

Imaginez qu'un récipient plein d'eau, contenant un batracien à l'état de têtard, soit filmé sans interruption pendant trois semaines par une caméra fonctionnant à 24 images/seconde. Au bout de trois semaines, nous aurons à peu près 43 500 000 images. Si nous les numérotons, il est évident que la première représentera un têtard et la quarante-trois cinq cent millionième une grenouille.

Il ressort de cet exemple que, logiquement, dans la série, il doit y avoir l'image d'un têtard suivie immédiatement de celle d'une grenouille. La validité de ce raisonnement résulte de l'application du « principe du plus petit nombre », théorème de la logique mathématique qui établit que, dans une série donnée de nombres entiers (de 1 à n), si 1 possède un prédicat — une caractéristique qui le définit —, que ne possède pas n, alors il existe nécessairement un « nombre plus petit », parmi ceux qui forment la série, qui n'a pas le prédicat en question. Dans notre exemple, nous avons ainsi l'image d'un têtard suivie, un vingt-quatrième de seconde plus tard, de celle d'une grenouille. Cela semble aller contre l'intuition commune, car comment identifier l'image en question ?

Bien qu'il ait été posé sous cette forme pour la première fois par James Cargile, professeur de philosophie à l'université de Virginie, le paradoxe du batracien est, en fait, une variante de l'un des plus vieux paradoxes de la civilisation occidentale. Dans sa première formulation, l'argument exposait l'impossibilité qu'il y a à constituer un tas de grains en ajoutant seulement un grain à chaque fois. C'est de cette démonstration — qu'on peut fait remonter aux philosophes grecs de l'École de Mégare, au IVe siècle avant Jésus-Christ — que les paradoxes dits « sorites[1] »

---

1. Quand il ne s'agit pas de paradoxes, les sorites sont des raisonnements fonctionnant par inclusions ou attributions successives. Par exemple : « Tous les hommes sont des mammifères, tous les mammifères sont des vertébrés, tous les vertébrés sont des animaux, tous les animaux sont des êtres vivants, donc tous les hommes sont des êtres vivants. » (N.d.T.)

tirent leur nom, « soreitès » signifiant « tas » en grec ancien. D'autres variantes montrent de la même façon qu'il ne peut exister d'homme riche ou chauve. Dans chaque version du paradoxe, le nerf du raisonnement est qu'il ne peut y avoir de frontière précise permettant de décider si quelque chose est un têtard ou une grenouille, un tas ou pas un tas, etc.

Avant de revenir à celui de Cargile, examinons l'un des sorites les plus classiques, celui de l'homme riche. Un pauvre demande un franc à un étranger. Le mendiant espère que, quand il aura reçu suffisamment de pièces de un franc, il sera riche. Mais l'étranger lui démontre que son projet est irréalisable. En effet, un homme qui ne possède qu'un franc n'est pas riche : il ne l'est pas encore, si on lui donne un franc de plus. Une fois accepté le principe que le fait de posséder un franc de plus ne fait pas d'un mendiant un homme fortuné, si on l'applique de nouveau autant de fois que l'on voudra, le mendiant est forcé de conclure que, quel que soit le nombre de pièces qu'il reçoive, il ne sera jamais riche.

Evidemment, l'un des moyens de détruire l'argumentation de l'étranger est de décharger aux pieds du quémandeur des camions remplis de pièces. Ce serait un contre-exemple pragmatique, dans le style le plus théâtral. Mais, pour celui qui étudie les paradoxes, le problème est de découvrir le point faible *logique* dans le raisonnement de l'étranger : notre contre-exemple ne nous est donc ici d'aucune utilité.

L'argumentation peut être résumée en trois propositions :
— Si un homme possède un franc, il n'est pas riche.
— Si un homme n'est pas riche, alors lui donner un franc de plus ne fait pas de lui un homme riche.
— Donc, quel que soit le nombre de francs que vous donniez à quelqu'un, ils ne feront pas de lui un homme riche.

D'un point de vue strictement logique, le raisonnement est valide. Donc, si les prémisses sont vraies, alors, selon les règles de la logique, la conclusion est nécessairement vraie. Nous tenons pour certain que la première prémisse est vraie : un franc n'a jamais rendu personne riche. En conséquence, il semble que le problème tienne dans la seconde prémisse, qui serait fausse. Cependant, si nous nions celle-ci et disons : « Si un homme n'est pas riche, lui donner un franc de plus fait de lui un homme riche », nous sommes amenés à conclure que cette proposition aussi est fausse, car elle affirme nécessairement qu'il existe une ligne de démarcation précise entre le fait d'être riche et celui de ne pas l'être. Or, l'expérience nous apprend que le mot « riche » est un peu plus vague que cela. Pourtant, si la seconde prémisse et sa négation sont toutes deux fausses, alors l'une des lois fondamentales de la logique repose sur un terrain mouvant.

Considérons, en effet, les trois principes fondamentaux sur lesquels est construite la logique classique :
— La loi ou principe d'identité pose que, si quelque chose est p, alors il est p. Si je suis un homme, alors je suis un homme : la loi d'identité est satisfaite.
— La loi du tiers exclu affirme que quelque chose est p ou non-p : ou je suis un homme, ou je ne suis pas un homme.
— En troisième lieu, vient le principe de contradiction pour lequel rien ne peut être à la fois p et non-p : je ne peux à la fois être et ne pas être un homme.

Il est clair, à partir des règles ci-dessus, qu'une proposition p et sa négation non-p ne peuvent avoir la même valeur de vérité : si l'une est vraie, l'autre est fausse. C'est la loi de dualité.

Cependant, chaque variante du paradoxe du tas de grains nous laisserait croire qu'il est possible qu'une proposition et sa négation soient toutes deux fausses. Il y a nécessairement une solution logique. Certains philosophes prétendent que quelques-unes des lois de la logique classique, comme celle du tiers exclu, doivent être abandonnées; d'autres que c'est notre logique à deux valeurs de vérité (vrai et faux) qui pose problème; d'autres encore que le paradoxe réside dans le fait que les propositions qui l'expriment ne s'articulent pas assez précisément pour être traitées par les méthodes de la logique formelle.

Beaucoup de nos contemporains pensent pourtant que les sorites peuvent être résolus dans le cadre de la logique classique. Ils estiment que le paradoxe s'enracine profondément dans les ambiguïtés du langage courant utilisé pour l'exprimer. Le problème vient pour eux des mots « riche » et « tas », considérés en fait comme vagues, plutôt qu'ambigus. L'ambiguïté vient de ce qu'un terme ou une expression peuvent être compris de deux ou plusieurs manières. Un terme vague est celui qui n'offre pas de limite précise : dans notre exemple, il ne nous dit pas à quel moment quelqu'un passe de l'état de pauvreté à celui de richesse. Si nous considérons ces deux caractéristiques comme les bouts opposés d'une ligne continue, nous nous attendons alors à trouver, quelque part entre les deux, une frontière qui divise la ligne. Mais, en réalité, bien qu'une telle séparation doive exister, l'imprécision des termes comme « riche » ou « tas » ne nous permet pas d'identifier le point qui fait coupure — et cela est précisément ce qui les rend vagues.

Un autre aspect important de la manière trompeuse de raisonner utilisée dans le paradoxe de l'homme riche se rapporte à la notion de signification. Il est vrai qu'aucune des pièces de monnaie, prise seule, ne constitue la frontière nécessaire pour distinguer un pauvre d'un riche. Mais, prises ensemble, elles créent une grande différence; et, s'il y en a suffisamment, elles font de quelqu'un un homme riche. Autrement dit, une série de changements en eux-mêmes insignifiants peuvent, quand ils sont pris ensemble, être très significatifs.

Dans ces variantes du paradoxe, on voit clairement qu'on a utilisé des éléments quantifiables pour les ajouter les uns aux autres, comme les pièces qui font de quelqu'un un homme riche ou les grains qui finissent par former un tas. Mais que se passe-t-il si, au lieu d'éléments quantitatifs, nous avons affaire à l'ajout de caractéristiques ou de prédicats (éléments qualitatifs) comme dans le cas du batracien de Cargile ?

On peut aborder la question en disant que ces éléments qualitatifs sont en fait quantifiables. Il est possible de soutenir, par exemple, qu'à la première image le batracien est un têtard à 100 %; puis qu'à chaque fraction de seconde (et à chaque image montrant le développement de l'animal) le pourcentage diminue. Selon Cargile, « le fait demeure qu'il [le têtard] doit, de toute évidence, atteindre 0 % et qu'il doit y avoir une image qui le montre au moment précis où il atteint ce stade. Cette disparition définitive du têtard à l'intérieur du processus du batracien est aussi surprenante, et la détermination de cet instant aussi mystérieuse, que dans le cas où "être un têtard" était une propriété, une qualité. »

Cargile, qui expose ses idées de manière concrète, affirme donc qu'il y a un instant précis où le batracien cesse d'être un têtard pour, au moment suivant, se métamorphoser en grenouille. Que nous puissions ou non parvenir à saisir cet instant ne fait pas de différence, car la logique veut qu'il existe. Dans un article de 1969, « Les paradoxes sorites », Cargile écrit à ce sujet : « Ce qui est essentiel, c'est qu'il y aura un moment où le batracien sera une grenouille, ce qu'il n'était pas un instant auparavant... Ce n'est pas nier cela que de dire que le têtard mettra beaucoup de temps à devenir une grenouille... La croissance peut demander un grand laps de temps. L'acquisition de propriétés, non. C'est comme le fait de gravir une montagne.

Disons qu'il faille cinq heures pour en atteindre le sommet. Nous pouvons affirmer qu'au bout de 4 h 59 mn, ce sommet n'est pas encore atteint, mais qu'au bout de cinq heures il l'est. »

Le paradoxe du batracien a une forme analogue à l'un de ceux de Zénon. Aussi proches dans le temps que soient les deux images en question, il semble que nous soyons condamnés à l'échec, car il est possible, du moins en théorie, de photographier un nombre infini d'instants entre deux images successives. Ainsi, le moment où le batracien devient une grenouille se glissera toujours entre les prises effectuées. Comme nous le verrons plus loin, le paradoxe de Cargile peut être « résolu » par l'application de concepts tirés de la théorie des ensembles infinis, mais il est difficile d'éclaircir les problèmes métaphysiques posés par ce paradoxe.

9. LE PARADOXE DE L'HOTEL INFINI

Imaginez un hôtel ordinaire avec un certain nombre de chambres, toutes occupées. Si un client se présente le matin, le propriétaire ne peut que lui répondre : « Désolé, je n'ai rien de libre. » Il y a là une difficulté, mais pas de paradoxe.
Imaginez maintenant le plus grand hôtel possible, à l'enseigne de l'Infini, dont les chambres, en nombre infini, sont toutes occupées. Le même voyageur se présente. « Désolé, nous sommes complets, répond l'hôtelier. Mais nous pouvons vous louer une chambre sans problème. » Comment va-t-il s'y prendre pour satisfaire son client et résoudre la contradiction ?
Allons plus loin. Supposons l'impossible. A midi de ce même jour arrive d'un univers parallèle un groupe de touristes en nombre infini. En commerçant astucieux, le patron de l'hôtel se rend compte que, s'il peut loger les nouveaux arrivants, sa fortune est faite. Comment va-t-il procéder ?

Ces paradoxes ont été proposés pour la première fois dans les années 20 par David Hilbert. Pour satisfaire le client isolé, Hilbert suggérait au propriétaire de faire passer le client de la chambre 1 dans la chambre 2, celui de la chambre 2 dans la chambre 3, celui de la chambre 3 dans la chambre 4, et ainsi de suite à l'infini. Le groom n'a plus alors qu'à placer le nouvel arrivant dans la chambre 1, désormais vacante.
Le second problème est plus complexe. Si l'hôtelier loge ses nouveaux arrivants un par un, de la même manière que la première fois, il finira bien sûr par tous les loger; mais à coup sûr il s'exposera aux plaintes des anciens clients mécontents d'avoir à déménager constamment. Hilbert proposait de faire passer l'occupant de la chambre 1 dans la chambre 2, celui de la chambre 2 dans la chambre 4, celui de la chambre 3 dans la chambre 6, celui de la chambre 4 dans la chambre 8, et ainsi de suite à l'infini. Ces déplacements permettant de placer le nombre infini des anciens occupants dans les chambres à numéro pair,

l'hôtelier pourra alors placer ses nouveaux clients, également en nombre infini, dans les chambres à numéro impair.

Les paradoxes de Hilbert trouvent leurs racines dans la théorie des nombres transfinis, due à Georg Cantor, autre mathématicien allemand. Cantor fut le premier à traiter de manière adéquate les problèmes que posaient les ensembles infinis aux mathématiciens depuis l'Antiquité. Il présenta sa théorie en 1873, mais nombre de ses contemporains lui furent hostiles. Ainsi, Henri Poincaré taxa l'œuvre de Cantor de « maladie ». D'autres affirmèrent qu'il souffrait d'une grave angoisse. Cependant, peu avant sa mort en 1918, l'opinion lui devint favorable et aujourd'hui la théorie de Cantor est unanimement considérée comme l'œuvre d'un extraordinaire génie mathématique.

Les problèmes de l'infini que Cantor chercha à résoudre remontent à la Grèce antique, en particulier aux paradoxes de Zénon d'Élée. Comme nous allons examiner ceux-ci dans le chapitre suivant, nous préférons donner ici un aperçu des recherches de Galilée sur l'infini, travaux qu'il publia en 1634 dans ses *Dialogues au sujet de deux sciences nouvelles*. En étudiant un problème analogue à celui de l'hôtel infini, Galilée se rendit compte que l'ensemble de tous les nombres entiers positifs (1, 2, 3, 4,...) est infini et découvrit également que l'ensemble des carrés de tous les entiers positifs est lui aussi infini. Il le prouve en démontrant qu'il existe une correspondance terme à terme entre les éléments de chacun des deux ensembles :

$$1 \quad 2 \quad 3 \quad 4 \quad ..... \quad n .....$$

$$1 \quad 4 \quad 9 \quad 16 \quad ..... \quad n^2 .....$$

Il semble logique d'en conclure qu'il existe une quantité égale de nombres dans chaque ensemble, car il existe dans chacun d'eux un et un seul nombre correspondant à un nombre unique dans l'autre ensemble. On démontre de la même façon que l'ensemble de tous les entiers positifs pairs et celui de tous les entiers positifs impairs sont infinis, possédant une correspondance terme à terme avec l'ensemble de *tous* les entiers positifs :

$$1 \quad 2 \quad 3 \quad 4 \quad ..... \quad n ....$$

$$2 \quad 4 \quad 6 \quad 8 \quad ..... \quad 2n .....$$

$$1\ \ 2\ \ 3\ \ 4\ \ \ldots\ \ n\ \ldots$$

$$1\ \ 3\ \ 5\ \ 7\ \ \ldots\ \ 2n-1\ \ldots$$

Cela est quelque peu surprenant, car nous nous attendrions à ce que l'ensemble des entiers positifs pairs — ou impairs — ne constitue qu'une *partie* de l'ensemble de tous les entiers positifs. Au cours de ses méditations, Galilée se demanda si oui ou non il fallait considérer l'ensemble des entiers positifs comme plus grand que celui des carrés de ces mêmes entiers. Il parvint à la conclusion que les relations « égal à », « supérieur à » ou « inférieur à » peuvent légitimement s'appliquer aux ensembles finis, mais non aux ensembles infinis, du type de ceux dont nous venons de parler. L'étude par Galilée de la correspondance terme à terme entre de tels ensembles infinis se trouva être plus importante qu'il ne le pensait car c'est exactement à ce même principe que Cantor, plus de trois cents ans plus tard, eut recours dans la résolution des paradoxes des ensembles infinis.

Au lieu de rejeter l'application des relations d'égalité, de supériorité ou d'infériorité aux ensembles infinis, Cantor reprit le principe de la correspondance terme à terme et l'intégra à sa définition d'un ensemble infini. Ainsi, un ensemble sera dit infini si l'on peut démontrer qu'il possède une correspondance terme à terme avec une partie, ou sous-ensemble strict, de lui-même.

Galilée ne pouvait parvenir au même résultat, car il lui était impossible de renoncer aux principes euclidiens suivants : le tout est toujours égal à la somme de ses parties et, en conséquence, le tout est toujours plus grand que n'importe laquelle de ses parties. Ces axiomes sont vrais pour les ensembles finis, mais, comme le prouva Cantor, ne valent plus pour les ensembles infinis. C'est en fait l'application illégitime de ces principes aux ensembles infinis qui produit les paradoxes. Donc, si l'on applique la définition de Cantor d'un ensemble infini au paradoxe de l'hôtel infini, la contradiction disparaît.

Cantor appela « transfini » le nombre représentant la quantité d'entiers contenue dans l'ensemble de tous les entiers positifs et utilisa un système d'indices pour symboliser la hiérarchie des nombres transfinis. Le premier nombre transfini fut appelé par lui « aleph-zéro », symbolisé ici par $\alpha\, 0$. Tout ensemble de nombres pouvant être mis en correspondance terme à terme avec l'ensemble de tous les entiers positifs — par exemple, l'ensemble des entiers positifs pairs — est lui-même un ensemble dont le nombre d'éléments est égal à α o.

Cantor inventa une méthode, dite « en diagonale », pour démontrer qu'il existe un ensemble auquel appartient un nombre infini d'éléments, nombre supérieur à celui que comprend l'ensemble α o. Pour mieux saisir cela, considérons d'abord un ensemble fini à deux éléments, x et y. Les mathématiciens symbolisent cet ensemble en plaçant ses éléments entre des accolades : $\{x, y\}$. De plus tout ensemble — même un ensemble qui ne comprend aucun élément, appelé « ensemble vide » — contient des sous-ensembles, c'est-à-dire des ensembles dont tous les éléments sont aussi des éléments de l'ensemble défini au départ. Si tout élément de l'ensemble A est aussi un élément de l'ensemble B, alors A est un sous-ensemble de B.

L'ensemble $\{x, y\}$ possède quatre sous-ensembles : $\{x, y\}$, $\{x\}$, $\{y\}$ et $\{\emptyset\}$. Remarquez que tout ensemble défini est un sous-ensemble de lui-même et que l'ensemble vide, symbolisé par $\{\emptyset\}$, est un sous-ensemble de tous les ensembles, y compris lui-même. Quoique $\{x, y\}$ soit un sous-ensemble, au sens large, de lui-même, on réserve expressément le terme de sous-ensembles *stricts* aux sous-ensembles $\{x\}$, $\{y\}$ et $\{\emptyset\}$. Un ensemble A est un sous-ensemble strict de B si tous les éléments de A appartiennent à l'ensemble B, mais si tous les éléments de B n'appartiennent pas à l'ensemble A, c'est-à-dire s'il existe au moins un élément de B qui ne soit pas élément de A. On détermine combien de sous-ensembles, au sens large, contient un ensemble défini en calculant la valeur de 2^n où n représente le nombre d'éléments de l'ensemble. Ainsi, comme nous venons de le voir, un ensemble à deux éléments contient 2^2, soit 4, sous-ensembles; un ensemble à trois éléments en contient 2^3, soit 8, et ainsi de suite. L'ensemble vide contient 2^0, soit un, sous-ensemble : lui-même.

Comme le note Martin Gardner en mars 1966 dans *Scientific American*, nous pouvons représenter les sous-ensembles de l'ensemble $\{x, y\}$ par des rangées de cartes *(Figure 90)* symbolisant les éléments de l'ensemble : les cartes sont blanches s'il s'agit d'un sous-ensemble, grises dans le cas contraire.

Il est possible d'utiliser le même schéma pour déterminer si l'on peut faire correspondre terme à terme les sous-ensembles de l'ensemble α o avec l'ensemble des entiers positifs. En d'autres termes, les sous-ensembles de l'ensemble α o forment-ils un autre ensemble α o ? Supposons d'abord qu'il en soit ainsi et

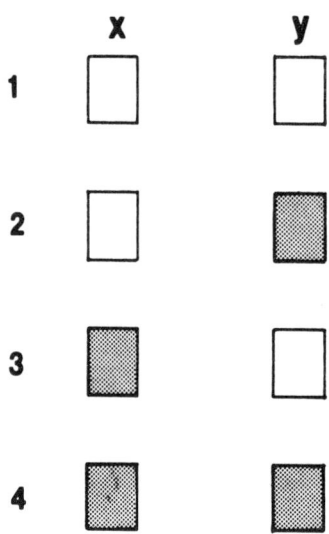

90. Sous-ensembles d'un ensemble à deux éléments

schématisons, de la même manière que précédemment, cette série infinie de sous-ensembles infinis *(Figure 91)*. Nous allons maintenant utiliser la méthode en diagonale de Cantor, comme l'explique Gardner : « Chaque sous-ensemble est symbolisé par une rangée de cartes, comme précédemment, à la différence que chaque rangée se poursuit sans fin sur sa droite. Imaginez que ces rangées infinies se succèdent dans n'importe quel ordre et qu'elles soient numérotées (1, 2, 3,...) à partir du haut. En continuant à former de telles rangées, parviendrons-nous à épuiser la série de tous les sous-ensembles ? Non, parce qu'il existe un nombre infini de moyens de constituer un sous-ensemble qui ne peut se trouver sur la liste. L'un des plus simples est de considérer le sous-ensemble en diagonale indiqué par la flèche et ensuite de supposer que chaque carte se trouvant le long de cette diagonale soit retournée — c'est-à-dire que la face de la carte devienne le dos et réciproquement. Ce nouvel ensemble, situé sur la diagonale, ne peut être le premier sous-ensemble puisque sa première carte diffère de la première carte du sous-ensemble 1. Ce ne peut pas non plus être le deuxième sous-ensemble puisque sa deuxième carte diffère de la deuxième carte du sous-ensemble 2. D'une manière générale, l'ensemble en diagonale ne peut être le n^{ieme} sous-ensemble puisque sa n^{ieme} carte diffère de la n^{ieme} carte du sous-ensemble n. Donc, puisque voilà un ensemble qui ne peut être un sous-ensemble de l'ensemble α o, même si celui-ci est infini, nous sommes forcés de conclure que l'hypothèse de départ est fausse. L'ensemble de tous les sous-ensembles d'un ensemble α o est un ensemble dont le nombre cardinal est 2 élevé à la puissance α o. Et nous venons de démontrer qu'un tel ensemble ne peut correspondre terme à terme avec l'ensemble des entiers dénombrables. Il s'agit donc d'un ensemble aleph à indice supérieur, un ensemble infini "indénombrable". »

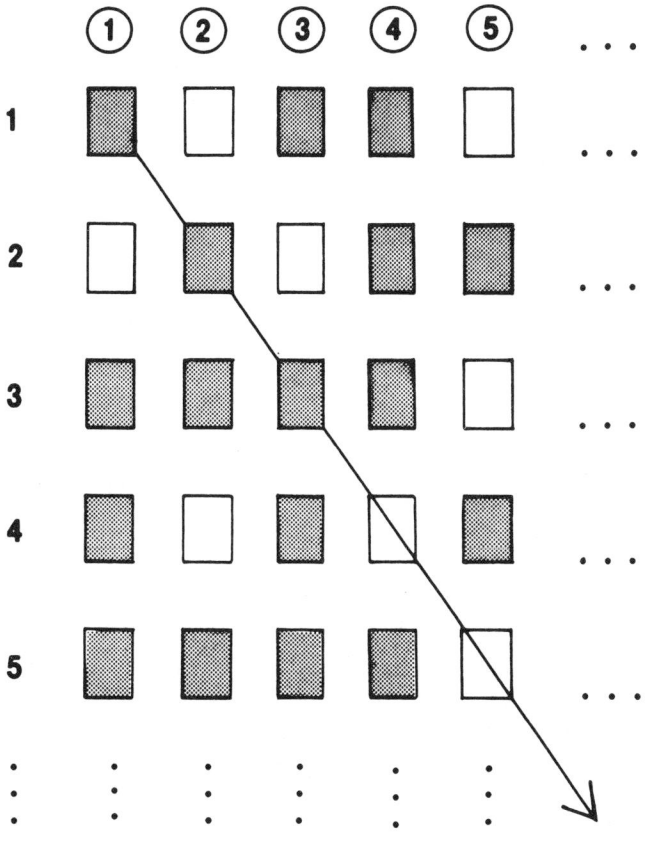

91. Version de Gardner de la preuve diagonale de Cantor

C'est de cette manière que Cantor prouva qu'il existe des ensembles plus grands que ceux que désigne le symbole α o. Il les ordonna à l'aide des cardinaux transfinis : aleph-un (α 1), aleph-deux (α 2), aleph-trois (α 3), et ainsi de suite. Le cardinal d'un ensemble représente simplement une mesure de sa grandeur, c'est-à-dire le nombre d'éléments qu'il contient. Par exemple, soit l'ensemble $A = \{x, y, z\}$. Le cardinal de A est 3 et s'écrit $n(A) = 3$. Soit l'ensemble $B = \{(x, x', y, y', z, z'\}$, son cardinal est $n(B) = 6$. Dire que l'ensemble B est plus grand que l'ensemble A signifie simplement que le cardinal de B est plus grand que le cardinal de A.

De même, la théorie de Cantor des nombres transfinis fournit un moyen de comparer les cardinaux d'ensembles infinis de puissance différente. Cantor prouva que, tout comme les ensembles finis, un ensemble infini tel que α o contient plus de α o sous-ensembles stricts : en fait, il en contient α 1. De la même façon, un ensemble infini dont le cardinal est α 1 contient plus de α 1 sous-ensembles stricts, ce qui nous conduit à un ensemble infini dont le cardinal est α 2, et ainsi de suite. Par cette méthode, Cantor démontra qu'il existe plus de cardinaux transfinis que de nombres appartenant à des ensembles dénombrables.

Il prouva également qu'il existe un ensemble, celui des fractions décimales comprises entre 0 et 1, qui est sans conteste plus grand que l'ensemble α o, mais il ne parvient pas à en déterminer le cardinal transfini. Il appela ce nombre C, initiale du mot « continu » — ce terme fait référence à l'ensemble infini de points que contient n'importe quel segment de droite.

Cantor passa plusieurs années à essayer de démontrer que C est en fait égal à α 1, mais échoua. L'hypothèse de Cantor reçut le nom d'« hypothèse du continu ». Ce n'est qu'en 1938 que le mathématicien américain d'origine autrichienne Kurt Gödel démontra que, si nous supposons vraie l'hypothèse du continu, la théorie est dénuée de toute contradiction. Mais, quelque vingt-cinq ans plus tard, un autre mathématicien américain, Paul Cohen, prouva que, si nous supposons fausse l'hypothèse du continu, la théorie reste intacte là encore. En d'autres termes, les deux énoncés au sujet de l'hypothèse de Cantor, quoique contradictoires, sont tous deux cohérents dans le système des axiomes de la théorie des ensembles. La valeur de vérité de l'hypothèse du continu est donc en fait indécidable, c'est-à-dire qu'on ne peut se prononcer définitivement sur sa vérité ou sa fausseté.

La théorie des nombres transfinis a donné lieu à quelques paradoxes semblables à celui que nous venons de voir. Ainsi, sur la base du système de Cantor, il est possible de prouver que deux lignes de n'importe quelle longueur — par exemple, une ligne infinie et une ligne de 1000 km — ont le même nombre de points ou qu'une ligne de 1 million de km comprend autant de points que toutes celles de l'Univers.

Même les opérations arithmétiques les plus élémentaires, comme l'addition ou la soustraction, produisent des résultats paradoxaux dans le cadre des ensembles infinis. Par exemple, considérons encore une fois l'ensemble de tous les entiers positifs, symbolisé par αo. Nous savons que l'ensemble de tous les entiers positifs pairs est aussi un ensemble αo, de même que celui de tous les entiers positifs impairs. Ce qui veut dire que $\alpha o + \alpha o = \alpha o$ ou, en d'autres termes $2 \alpha o = \alpha o$. Considérons ensuite l'ensemble de tous les entiers positifs et celui de tous les entiers positifs à partir de 10. Selon la théorie des nombres transfinis $\alpha o .002\ 10 = \alpha o$.

Ceci nous conduit à un dernier paradoxe, connu sous le nom de « paradoxe de Tristram Shandy », ainsi nommé d'après le héros du roman de Laurence Sterne, paru en 1760. Tristram Shandy se décide un jour à écrire son autobiographie : au bout de deux ans de travail, il se rend compte qu'il n'a pu relater que les événements des deux premiers jours de sa vie. Il comprend alors la vanité de ses efforts, s'il lui faut un an pour raconter une journée : plus il écrit, plus il doit écrire. Cependant, comme l'a remarqué Bertrand Russell, cela n'est vrai que si Shandy est mortel. Si nous le supposons éternel, il lui est possible de terminer l'histoire de sa vie. S'il continue de rédiger les événements de chaque journée en un an, il parviendra au bout de son projet car en un temps infini prennent place autant d'années que de jours.

Si de telles conclusions choquent notre compréhension intuitive des nombres finis, elles sont légitimes — mieux, exactes — dans la théorie des nombres transfinis. Morris Kline, dans *Les mathématiques dans la culture occidentale*, écrit : « Les problèmes et les paradoxes du système ont tellement été montés en épingle que le lecteur doit considérer la théorie des nombres infinis comme un *divertissement*[1] mathématique. Ce qui est loin d'être le cas. Nous devrions plutôt admirer le degré d'exactitude auquel est parvenue la pensée dans l'étude de questions dont nous n'avions qu'une intuition vague et quasi irréelle. En appliquant avec précision la notion de quantité à des ensembles infinis d'objets, Cantor a mis un terme aux controverses qui régnaient dans la littérature philosophique depuis Aristote. »

---

1. En français dans le texte.

10. LES PARADOXES DE ZENON

Imaginez qu'Achille, célèbre pour sa rapidité à la course, couvre à la vitesse uniforme d'un mètre par seconde la distance de un kilomètre séparant le point A du point B. Considérez maintenant qu'Achille doit parcourir d'abord la moitié de la piste, parvenir au point central C, puis couvrir la moitié de la distance restante, entre C et B, et parvenir au point D. Ce processus de division se poursuit à l'infini, puisque, sans tenir compte de la longueur, de plus en plus petite, restant à parcourir, elle peut être toujours divisée en deux parties égales *(Figure 92)*.

En outre, chaque segment fini de la piste demande un temps fini pour être parcouru : et, puisque nous avons affaire à un nombre infini d'intervalles finis, nous devons en conclure qu'Achille n'atteindra jamais son but. Qu'y a-t-il de faux dans cette manière de raisonner ?

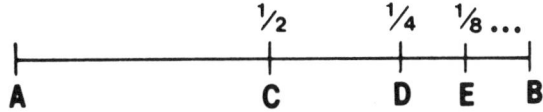

92. Le paradoxe de la course à pied, I

Cet argument est le premier des quatre paradoxes sur le mouvement, attribués au philosophe grec Zénon d'Elée, qui vécut au Ve siècle avant Jésus-Christ. On sait très peu de choses à son sujet. Né vers − 490, il a probablement écrit ses paradoxes — au nombre d'une quarantaine — vers − 465. Moins de deux cents mots effectivement écrits par Zénon nous sont parvenus, et ces maigres références ne portent que sur deux paradoxes. Tout ce que nous savons des paradoxes sur le mouvement nous vient de la *Physique* d'Aristote, écrite au IVe siècle avant Jésus-Christ, et d'autres commentaires plus tardifs, dont ceux de Simplicius qui semble avoir résumé l'œuvre originale de Zénon au VIe siècle après Jésus-Christ.

Aristote reconnaît en Zénon le père de la dialectique, méthode d'argumentation dans laquelle l'un des participants à un débat soutient une proposition que l'adversaire détruit en montrant qu'elle mène à une contradiction. Cette méthode dialectique, qui fut en grand honneur chez tous les philosophes grecs (les sophistes, Socrate, Platon, Aristote, etc.), est essentielle pour saisir dans quel contexte se présentent les paradoxes sur le mouvement.

Zénon était un élève du philosophe de l'école d'Elée, Parménide, qui croyait que l'Univers était une sphère solide, uniforme, immobile et non soumise au changement. La théorie de Parménide avait aussi un sens polémique, s'attaquant aux principes des philosophes ioniens, dont Héraclite d'Ephèse, qui affirmaient que le monde est en état de perpétuel changement ou flux — la rivière où nous nous baignons aujourd'hui n'est pas celle où nous nous baignerons demain —, et à ceux de Pythagore, qui soutenait qu'en dernière analyse l'Univers se compose de nombres.

Selon Parménide, on peut affirmer trois propositions au sujet de la « matière première » — ou Être — de l'Univers : 1) L'Être est; 2) L'Être n'est pas; 3) L'Être est et n'est pas. Rejetons la proposition 3) qui est contradictoire. La deuxième pose problème car, selon Parménide, nous ne pouvons parler de l'absence de l'Être en utilisant un terme qui le désigne. Il nous reste : « L'Être est ». Les paradoxes de Zénon peuvent être considérés comme des tentatives pour défendre les vues de son maître, en démontrant que les principes de leurs adversaires étaient contradictoires.

Revenons au paradoxe de la course à pied — encore appelé paradoxe de la dichotomie —, nous voyons qu'il tente de démontrer que l'idée d'un mouvement le long d'une ligne continue conduit à des absurdités. Ainsi, tout en sachant empiriquement que le coureur atteint son but, nous ne pouvons le prouver logiquement. Où est l'erreur — s'il y en a une — dans le raisonnement de Zénon ?

Il a fallu près de deux mille ans aux mathématiciens et aux philosophes pour trouver une solution acceptable — quoique incomplète — au paradoxe du coureur à pied. Zénon se faisait, semble-t-il, une idée fausse de la somme d'une série infinie. Comme nous l'avons vu au chapitre précédent, certaines séries infinies, comme celle des nombres entiers pairs, n'ont pas de somme, c'est-à-dire qu'on peut toujours ajouter à la série un terme, de telle façon que la somme des termes de la série augmente, et cela à l'infini. Ainsi, si nous prenons la série infinie des nombres pairs (0 + 2 + 4 + 6 + 8 + 10 + 12 +...), nous pouvons toujours en faire croître la somme partielle en ajoutant un autre nombre, pair également. Une série infinie est dite « divergente » si la succession de ses sommes partielles diverge, comme le fait celle-ci. Une série infinie divergente n'a donc pas de somme.

Tel n'est pas le cas de toutes les séries infinies. Examinons celle qui se présente dans le paradoxe. On peut la représenter ainsi :

$$\frac{1}{2} + \frac{1}{4} + \frac{1}{8} + \frac{1}{16} + \frac{1}{32} + \frac{1}{64}...$$

Il est clair que cette série est infinie, car il est toujours possible d'ajouter une fraction plus petite, en divisant par deux la précédente. Une telle série infinie sera dite « convergente » car la succession de ses sommes partielles converge vers un même terme, appelé « limite ». La limite S de la succession des sommes partielles est appelée somme de la série. Ici la limite est 1, car, plus on ajoute de termes à la série, plus la somme se rapproche de 1. La gravure sur bois d'Escher, *Limite du carré (Figure 93)*, présente une analogie visuelle avec le concept de série convergente tendant vers une limite.

Ainsi, qu'Achille ne s'inquiète pas : à la vitesse de 1 m/s, il parcoura la piste en 1000 s. Le point fallacieux dans le paradoxe de la dichotomie se trouve dans l'idée que la somme d'un nombre infini d'intervalles finis d'espace et de temps doit, elle aussi, être infinie. Une fois de plus, nos notions intuitives de l'infini nous ont induits en erreur.

Zénon — ou un autre Grec — a présenté une version du paradoxe où non seulement le coureur ne parvient pas à son but, mais ne peut même pas démarrer. En effet, considérons le fait qu'Achille doive d'abord atteindre le point central C. Mais avant cela il doit atteindre le point D, situé à égale distance de A et de C, et ainsi de suite à l'infini *(Figure 94)*, puisqu'il existe toujours une infinité de points entre deux points quelconques d'une même ligne continue. Donc, le coureur ne peut pas partir, car il n'y a pas de point suivant. Nous avons là encore affaire à la même série infinie, dont la limite est toujours 1.

Le deuxième paradoxe de Zénon sur le mouvement, celui d'Achille et la tortue, est probablement le plus célèbre. Dans ce

93. *Limite du carré,* d'Escher. Les créatures en forme de poisson, plus grandes au centre, diminuent de taille au fur et à mesure qu'elles s'éloignent de ce centre, et cela à l'infini — le processus entier ayant lieu à l'intérieur des limites du carré.

problème, le rapide guerrier se trouve confronté à une lente tortue. Supposons qu'Achille coure dix fois plus vite que l'animal (1 m/s contre 0,1 m/s). On donne à la tortue un avantage de 100 m sur une course de 1000 m. Le temps qu'Achille atteigne le point de départ de la tortue (T0), celle-ci sera parvenue au point T1. Achille atteint très vite le point T1, mais, pendant ce temps, la tortue est parvenue au point T2, et ainsi de suite à l'infini *(Figure 95).* A chaque fois qu'Achille atteint le point que vient juste de quitter la tortue, celle-ci a avancé. Même si les distances entre les deux adversaires diminuent rapidement, Achille ne pourra jamais rattraper la tortue, comme on aurait pu s'y attendre.

On peut bien sûr attaquer Zénon, en faisant appel à l'expérience quotidienne que nous avons du mouvement. Mais ce n'est pas sur ce plan que se situe le paradoxe : Zénon nous demande de trouver le point faible logique de son argumentation. Comme dans le cas des deux versions du problème de la dichotomie, nous avons ici affaire à une série convergente. Le rapport des vitesses étant de 10 à 1, la série développée est 100 + 10 + 1 + 1/10 +... et se rapproche de la limite 111,1. Ainsi, à exactement 111,09 m, Achille sera à égalité avec la tortue et, à partir de ce moment, toujours en avant d'elle.

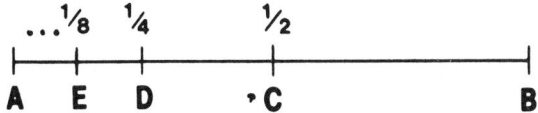

94. Le paradoxe de la course à pied, II

Russell écrit à ce sujet dans son article, « Historique du problème de l'infini » : « Cet argument est essentiellement le même que le précédent [celui de la dichotomie]. Il prouve que, si jamais Achille dépasse la tortue, ce sera après un nombre infini d'instants écoulés depuis son départ. En fait, cela est vrai; ce qui est faux, c'est l'idée qu'un nombre infini d'instants donne un temps infiniment long : et donc la conclusion qu'Achille ne dépassera jamais la tortue ne s'ensuit pas. »

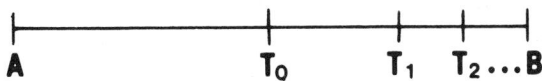

95. Le paradoxe d'Achille et la tortue

Le paradoxe de la dichotomie et celui d'Achille et la tortue semblent vouloir combattre l'idée que le temps et l'espace sont continus. Les deux autres paradoxes de Zénon sur le mouvement — ceux de la flèche et du stade — semblent combattre l'idée opposée, c'est-à-dire l'hypothèse que le temps et l'espace se composent d'« atomes » discrets, dont chacun est irréductible, les « atomes » de temps étant sans durée et les « atomes » d'espace sans étendue. Si nous appelons « instants » les « atomes » de temps et « points » les « atomes » d'espace, nous obtenons la description du temps et de l'espace dans les termes de la mathématique moderne.

Dans le paradoxe de la flèche qui vole, Zénon parvient à la conclusion que la flèche ne peut que demeurer en repos. En effet, à chaque instant, la flèche occupe un espace égal à elle-même : le mouvement est impossible parce que, par définition, un instant n'a pas de parties. En effet, si la flèche pouvait se mouvoir pendant un instant, nous serions en contradiction avec la définition que nous avons donnée de l'instant, puisque la flèche occuperait une certaine position pendant une partie d'un instant et une autre position pendant une autre partie du même instant. Ainsi, la flèche semble ne jamais se mouvoir, mais plutôt, comme le note Russell dans l'article déjà cité, « par quelque moyen miraculeux, le changement de position devrait avoir lieu entre les instants, c'est-à-dire à aucun moment du temps ». Et pourtant elle vole ! Comment cela est-il possible si elle ne bouge en aucun instant donné ?

La solution du paradoxe de la flèche est plus complexe que celle des deux premiers problèmes de Zénon. Le paradoxe de la flèche admet la continuité du temps et de l'espace, continuité discrète — c'est-à-dire discontinue — ou « atomistique » par sa nature : à chaque point de la course de la flèche correspond un instant. Aristote rejetait l'argument de Zénon en se contentant de nier que le temps soit un continu consistant en instants indivisibles. Mais aujourd'hui c'est l'analyse d'Aristote qui est rejetée par la plupart des mathématiciens et philosophes contemporains, qui considèrent en général que le temps et l'espace sont des continus discrets.

Entre deux points quelconques d'une ligne continue, nous savons qu'il est toujours possible d'en trouver un autre : la ligne contient donc une infinité de points. Nous exprimons cette propriété en disant que l'ensemble des points d'une ligne est « dense ». Il en est de même des instants constituant un temps continu : entre deux instants quelconques, il existe une infinité d'autres instants. Il est vrai qu'on peut parcourir un ensemble infini de points en un temps fini, et qu'une infinité d'instants prend place dans un intervalle fini de temps. La théorie de Cantor des nombres transfinis nous transporte au cœur du problème, mais ne résout pas le paradoxe d'un point de vue pratique. La question fondamentale demeure : comment la flèche peut-elle parcourir une distance quelconque, si à chaque instant elle reste stationnaire ?

Avant de résoudre pleinement le paradoxe, examinons avec soin les notions que nous avons sur la nature du mouvement. Beaucoup croient bien la comprendre, à cause de leur expérience du monde réel et de leur intuition. Un objet est dit en mouvement si, à un instant donné, il se trouve en une certaine position et si, à l'instant suivant, il se trouve en une autre position. En comparaison, un objet est en repos si, à un instant donné, il se trouve en une certaine position, et si, à l'instant suivant, il se trouve dans la même position. C'est notre expérience qui nous porte à penser que le mouvement est quelque chose comme une force ou une puissance que possède l'objet lorsqu'il se meut.

La conception mathématique actuelle du mouvement ne s'accorde pas avec la conception courante. Dans la science moderne, le mouvement est considéré simplement comme une série d'arrêts. Russell a mis les choses au point dans ses *Principes des mathématiques* : « ... Nous devons rejeter définitivement la notion d'un *état* de mouvement. Le mouvement consiste essentiellement en l'occupation de lieux différents à des moments différents [...]. Il n'existe pas de transition d'un lieu à un autre, ni de moment consécutif, ni rien de tel que la vitesse, sauf dans le sens où il s'agit d'un nombre réel qui est la limite d'un certain ensemble de quotients. »

L'exemple suivant va nous aider à dissiper l'impression d'irréalité que peut donner la vision actuelle du mouvement, issue des mathématiques contemporaines. Imaginez-vous allongé sur une plage. Un ballon roule près de vous. Vous avez votre appareil photo sous la main et vous prenez un instantané du ballon. Celui-ci termine sa course : vous allez le chercher pour le ramener au point exact qu'il occupait quand vous l'avez photographié. Vous prenez alors une seconde photo du ballon au repos. Une fois développés et tirés les négatifs, vous constatez que les deux images sont identiques : il ne se trouve à l'arrière-plan aucune indication pouvant vous dire quelle est la photo du ballon en mouvement et quelle est celle du ballon au repos. Comment alors les distinguer ? En fait, c'est impossible.

Autrement dit, l'argumentation de Zénon est en un sens correcte. Il n'existe rien de semblable à un « état » de mouvement : à chaque instant, la flèche qui vole ou le ballon qui roule sont là où ils sont, occupant une position égale à elle-même. Mathématiquement, cette position n'est pas différente de celles qu'ils occuperaient s'ils se trouvaient au repos au même endroit. Cependant, le mouvement exige une *durée* temporelle et, par définition, un instant n'a pas de durée. C'est ici que le paradoxe tourne au sophisme : car, s'il n'existe pas d'état de mouvement, cela ne veut pas dire qu'il n'y a pas de mouvement. Le mouvement requiert une série de positions et d'instants, pas seulement un de chaque. En utilisant certaines méthodes de calcul, les mathématiques modernes ont développé une théorie statique du mouvement capable de décrire des mouvements comme ceux de la flèche ou du ballon, sans recourir à la notion d'état de mouvement ou à des constantes infinitésimales.

Il n'est pas rare d'entendre des objections pratiques au paradoxe de la flèche. Ainsi, quand nous circulons en voiture et regardons le compteur, n'avons-nous pas une indication de la vitesse à laquelle nous roulons ? Il semble donc qu'il existe quelque chose comme un « état » de mouvement. Non, parce que, s'il est exact que le compteur donne une mesure de la vitesse instantanée du véhicule, il est faux de dire que la vitesse instantanée de la voiture est une mesure de la vitesse à laquelle la voiture roule à cet instant. La vitesse instantanée est en fait une mesure de la limite des vitesses moyennes durant des intervalles convergeant vers zéro et comprenant toujours l'instant donné. Il est important de se souvenir que la vitesse instantanée constitue une mesure purement statique, géométrique[1].

---

1. Le calcul nous permet de décrire de deux façons différentes le mouvement de la flèche ou du ballon. (Nous laissons de côté divers problèmes pratiques, comme ceux de la gravité, des déplacements d'air, etc. : les mathématiques ont, certes, des réponses à ces questions, mais leur analyse dépasserait le cadre de ce livre.) Nous pouvons décrire le mouvement en termes de distance ou en termes de vitesse. La mesure de la distance nous dit à quel endroit de son parcours se trouve la flèche ou le ballon à chaque instant. La mesure de la vitesse nous indique à quelle vitesse l'objet se déplace à chaque instant. Prise seule, chaque manière de voir fournit une description complète du mouvement de l'objet, description représentée par un graphe, à l'intérieur d'un système de coordonnées. Le graphe décrivant la vitesse de l'objet est appelé la *dérivée* du graphe décrivant la distance, celui-ci étant dit l'*intégrale* de l'autre.

Il est facile d'imaginer comment nous pouvons recueillir des informations sur la distance, mais comment procéder pour en obtenir concernant la vitesse ? Cela dépend du type de vitesse auquel nous avons affaire. Si l'objet se déplace à une vitesse constante, il suffit de calculer la vitesse moyenne en divisant la distance parcourue par le temps que met l'objet à la couvrir. Ainsi, si l'objet parcourt une ligne droite de 100 m en 10 s, sa vitesse moyenne sera de 10 m/s. Cependant, dans

La conception moderne du mouvement est comparable à un film représentant le mouvement d'un objet en un nombre fini d'images. Mais, selon les mathématiques contemporaines, il est possible d'intercaler un nombre infini d'« images » entre deux instants quelconques du vol de la flèche, par exemple. Cependant, en pratique, le mathématicien lui aussi ne tient compte que d'un nombre fini d'intervalles quand il veut calculer le mouvement d'un objet. Les méthodes modernes apportent ainsi des réponses pratiques, correctes, non seulement aux paradoxes de Zénon, mais aussi aux problèmes qui se posent dans le monde réel. Il n'en reste pas moins qu'elles sont incapables de fournir une définition véritable du mouvement lui-même.

Des quatre paradoxes de Zénon, celui du stade est probablement le moins discuté. Beaucoup de savants le rejettent car il contient une erreur mathématique évidente. Imaginez-vous à la mi-temps d'un match de football : les supporters de l'équipe locale sont accueillis par une joyeuse fanfare comprenant trois joueurs de clairon, trois majorettes et trois tambours, rangés comme ils le sont sur la *figure 96*.

Joueurs de clairon	C_1	C_2	C_3
Majorettes	M_1	M_2	M_3
Tambours	T_1	T_2	T_3

96. Le paradoxe du stade : position 1

Au bruit du clairon, les majorettes et les tambours se dirigent les uns vers les autres à la même vitesse jusqu'à ce qu'ils se trouvent dans la position de la *figure 97*, où les trois rangs sont alignés.

Que s'est-il passé ? Le premier tambour est passé devant deux fois plus de majorettes que de joueurs de clairon. En effet, T1

le monde réel, peu d'objets se meuvent à une vitesse constante : de toute façon, ce n'est le cas ni de la flèche de Zénon, ni du ballon sur la plage.
Si nous admettons que la vitesse change durant différents intervalles de temps, le calcul de la vitesse à chaque instant devient plus complexe. Comme nous l'avons dit plus haut, il nous faut alors calculer la vitesse instantanée de l'objet. Celle-ci est définie comme la pente de la tangente au point correspondant du graphe décrivant la distance, s'il est possible de construire une telle tangente. (N.d.A.)

s'aligne sur C1 en ne se déplaçant que d'une unité sur sa gauche. Pour s'aligner sur M1, il a dû passer devant deux majorettes. Zénon en concluait bizarrement que, puisqu'il a fallu le même temps pour que M1 et T1 s'alignent sur C1 et que T1 est passé devant deux fois plus de majorettes que de joueurs de clairon, la moitié du temps est égale à son double. La conclusion est plutôt vague, mais c'est ainsi que la présente Zénon.

Un simple examen de la situation physique nous montre que le paradoxe se fonde sur une erreur grossière, car il ne tient aucun compte des différences entre les vitesses relatives des trois groupes. Comme on le verra dans le chapitre 19, sur les paradoxes temporels, la vitesse de A relativement à B se calcule en additionnant leurs deux vitesses. Ainsi, dans le paradoxe du stade, la vitesse de M1 relativement à T1 est égale à deux fois la vitesse de M1 relativement à C1.

$$C_1 \quad C_2 \quad C_3$$

$$M_1 \quad M_2 \mid M_3$$

$$T_1 \quad T_2 \quad T_3$$

97. Le paradoxe du stade : position 2

Donc, une fois éclairci le concept de vitesse relative, le paradoxe semble résolu. Pourtant, certains philosophes, dont Russell et G.E. Owen, ont soutenu que, même dans ce cas, Zénon nous pose des problèmes logiques inattendus et troublants. Lisons l'explication qu'en donne Wesley Salmon dans son introduction aux *Paradoxes de Zénon* : « Supposons, comme le font parfois les gens, que l'espace et le temps soient atomistiques, mais constitués d'"atomes" — de points et d'instants — de grandeur non nulle, plutôt qu'égale à zéro. Dans ce cas, le mouvement consisterait à occuper différents lieux discontinus à des instants différents, également discontinus. Maintenant, toujours en admettant que les [joueurs de clairon] ne bougent pas, si les [majorettes] se déplacent vers la droite en occupant un endroit différent à chaque instant et que les [tambours] se dirigent vers la gauche au même rythme, certains des [tambours] auront dépassé certaines des [majorettes] sans les croiser. [T1] se trouve d'abord sur la droite de [M2] et, en fin de parcours, sur sa gauche; mais, à aucun moment, [T1] ne s'est aligné sur [M2]. En conséquence, ils ne se sont croisés à aucun moment : cet événement ne s'est jamais produit. »

Les solutions que nous avons présentées aux paradoxes de Zénon sont les solutions admises par la plupart des mathématiciens et philosophes. Mais il reste bon nombre de penseurs — Alfred North Whitehead, Henri Bergson, Max Black, pour ne citer qu'eux — qui, tout en s'accordant jusqu'à un certain point avec les mathématiciens, attirent néanmoins l'attention sur des difficultés non encore résolues.

Ainsi, selon Black, le problème réel du deuxième paradoxe n'est pas tant de trouver la somme d'une série infinie que de déterminer s'il est possible à Achille et à la tortue d'accomplir une série infinie de « tâches » en un temps fini, ce qu'implique la solution mathématique du problème. Pour illustrer leur point de vue, Black et d'autres commentateurs ont imaginé des machines infinies, dont l'une des plus étranges est la lampe de James Thomson.

La lampe de Thomson n'est pas un objet réel, mais une expérience mentale. Comme beaucoup de lampes de bureau, elle comporte un interrupteur à sa base. Vous l'allumez normalement en appuyant sur le bouton et l'éteignez de la même façon. Imaginez maintenant que vous posiez votre doigt sur le bouton et mettiez exactement une minute à allumer l'ampoule; vous l'éteignez ensuite en une demi-minute, la rallumez en un quart de minute, et ainsi de suite à l'infini, chaque nouvelle pression prenant deux fois moins de temps que la pression précédente. Thomson appelle « super-tâche » la réalisation complète d'une série infinie de tâches de ce type.

On coupe court aux objections qui viennent à l'esprit en admettant qu'il est possible de construire une telle lampe — et une telle ampoule — et qu'il est également physiquement possible à quelqu'un d'achever la série infinie des opérations demandées. La question est alors : la lampe sera-t-elle allumée ou éteinte au bout de deux minutes ? Rappelons-nous qu'une série peut contenir un nombre infini de termes — en l'occurrence, d'opérations — même si sa limite est de 2 mn. Au bout de cette période, elle ne peut en réalité être allumée, puisque, après une série infinie de manœuvres, à chaque fois qu'elle est allumée, elle est aussitôt éteinte. Elle ne peut non plus être éteinte, pour la raison inverse. Donc, la lampe sera à la fois allumée et éteinte, ou bien ni allumée ni éteinte !

Ce résultat devient plus évident si nous attribuons des valeurs aux positions de la lampe : 0 quand elle est éteinte, 1 quand elle est allumée. Ainsi, à chaque fois que nous allumons, ajoutons une unité (+ 1), et, à chaque fois que nous éteignons, retranchons une unité (− 1). La question devient : quelle est la valeur de la somme de la série infinie : + 1 − 1 + 1 − 1 + 1 − 1..., à la fin des deux minutes ? En fait, une telle série ne peut avoir de somme fixe : les mathématiciens disent qu'elle oscille entre deux valeurs. S'il en est ainsi, les inventeurs des machines infinies raisonnent correctement et il est logiquement impossible d'achever une telle « super-tâche » : et, par analogie, il est logiquement impossible qu'Achille réalise l'ensemble des tâches qui lui sont assignées dans les paradoxes de Zénon.

Fort heureusement, la lampe de Thomson et autres machines infinies ne conduisent pas nécessairement à des conséquences aussi néfastes. Comme l'a remarqué Paul Benacerraf, tout ce qu'affirment les mathématiciens, c'est que, pour tout moment avant l'instant $t = 2$ mn, nous pouvons déterminer si la lampe est allumée ou non, mais que, pour t lui-même, nous ne pouvons fixer aucune valeur. Cela n'est pas pour nous surprendre puisque nous savons qu'une série infinie n'a pas de dernier terme. Et cela n'entraîne pas les contradictions évoquées plus haut : cela indique surtout que nous ne pouvons logiquement conclure dans un sens ou un autre au sujet de l'état de la lampe deux minutes après le début de l'expérience ou à n'importe quel moment ensuite.

C'est ce qui constitue la différence essentielle entre les « super-tâches » de Thomson et le mouvement d'Achille dans le paradoxe de la course à pied. La course d'Achille est supposée continue, alors que l'expérience de la lampe fait intervenir une série d'actes discontinus, formant un ensemble aleph-zéro, pour utiliser la terminologie de Cantor.

Comme l'a démontré Cantor, tout segment de droite, quelle que soit sa longueur, comprend plus qu'un nombre infini aleph-zéro de points. Mais un point ne possède pas de dimension, étant sans étendue : sa grandeur est égale à zéro. Comment, dans ces conditions, peut-on dire d'un segment qu'il est un continu *étendu*, s'il ne se compose que de points sans étendue, même en nombre infini ? Zéro ajouté à zéro donne encore zéro. Le problème que nous venons de soulever est en fait l'une des manières modernes d'examiner les paradoxes de Zénon en les considérant comme des paradoxes sur la pluralité.

Zénon admet que, si quelque chose d'étendu existe, il doit se composer de parties. Celles-ci étant divisibles à l'infini, chaque chose étendue se compose d'une infinité de parties. De plus, à un moment ou à un autre, nous devons nous trouver face à des parties ultimes sans étendue car, si elles étaient étendues, elles seraient encore susceptibles de division. Mais, conclut Zénon, s'il en est ainsi, comment peut-il exister une chose étendue ? En effet, nous pouvons ajouter les unes aux autres autant de parties que nous voulons, si elles ne possèdent aucune grandeur, nous revenons au cas des zéros qui s'additionnent.

Le paradoxe de la pluralité est à l'origine de tous les paradoxes de Zénon sur le mouvement. Si l'on ne peut le résoudre de façon satisfaisante, les paradoxes logiques et mathématiques — sinon physiques — portant sur le mouvement demeurent intacts. Dans le cas de la course à pied et d'Achille et la tortue, l'importance qu'y prend le problème de la pluralité saute aux yeux, car nous avons affaire à un continu physique. Mais il intervient aussi dans les paradoxes de la flèche et du stade, car — nous l'avons vu — les mathématiciens actuels considèrent le temps comme une série infinie d'instants sans étendue, c'est-à-dire sans durée.

S'agit-il alors d'une défaillance des mathématiques, incapables de fournir une description adéquate du mouvement continu d'Achille et de la flèche, par exemple ? Oui et non. Oui, parce qu'il est vrai que le concept mathématique du continu, quoique cohérent à l'intérieur du système formel, ne parvient pas à fournir une représentation exacte du mouvement tel que nous en faisons l'expérience dans le monde réel. Non, parce qu'il est possible de transposer dans un univers discontinu le mouvement d'Achille ou de la flèche : c'est ce qu'a réalisé Adolf Grünbaum, dans les analyses qu'il a données des paradoxes de Zénon.

Grünbaum nous demande d'imaginer un second Achille, courant parallèlement à celui du premier paradoxe. Se référant au type de mouvement que chacun accomplit, notre auteur appelle le premier l'Achille *legato* et le second l'Achille *staccato*. Le mouvement de l'Achille *legato* est, comme dans la version originale du paradoxe, continu. L'Achille *staccato*, quant à lui, court deux fois plus vite que son concurrent, donc couvre la première moitié de la distance à parcourir en deux fois moins de temps que l'autre. Mais, une fois atteint le point central, il s'arrête et reste en place pendant un temps égal à celui qu'il a mis à atteindre ce point. Au moment où l'Achille *legato* le rattrape, l'Achille *staccato* repart aussitôt — toujours en courant deux fois plus vite que son adversaire — et court jusqu'au milieu de la distance restant à parcourir, en deux fois moins de temps que ne le mettra l'Achille *legato*. Là encore, l'Achille *staccato* demeure en place le temps que l'Achille *legato* le rejoigne, et ainsi de suite à l'infini.

Nous savons déjà que l'Achille *legato* achève sa course quand la série infinie décrite dans le paradoxe converge vers sa limite 1. Mais qu'en est-il de l'Achille *staccato* ? Selon les termes du problème, il atteindra son but en même temps que son concurrent. Donc, l'Achille *staccato* aura réalisé une série infinie de « tâches » discontinues en un temps fini ! Au vu d'un tel résultat, est-il encore possible de prétendre que la lampe de Thomson et les autres machines infinies sont logiquement impossibles ou que la méthode consistant à trouver la limite d'une série infinie convergente suffit réellement à résoudre les paradoxes de Zénon sur le mouvement ?

Enfin, ces troublants paradoxes de Zénon sur le mouvement et la pluralité soulèvent des problèmes métaphysiques fondamentaux. Comme le rappelle Wesley Salmon, William James et Whitehead ont tous deux considéré que les paradoxes apportaient la preuve décisive que tous les processus temporels sont de nature discontinue. Selon Whitehead, l'univers physique est un continuum espace-temps[1] étendu, dont chaque partie ne peut parvenir à l'existence que comme entité globale. Cette conception présente des analogies évidentes avec celle de Louis de Broglie sur la nature de l'espace-temps à quatre dimensions (voir chap.19). Whitehead ajoute que ce n'est qu'une fois qu'elle est apparue que nous pouvons considérer la partie ou l'entité comme divisible à l'infini; l'acte d'apparaître est lui-même irréductible, indivisible.

Ceci nous ramène au paradoxe du batracien (voir chap.8) que nous pouvons maintenant considérer comme le paradoxe de Zénon sur la pluralité, déguisé en paradoxe métaphysique du devenir. En théorie, même si un nombre infini d'images du développement du batracien peuvent être prises entre deux instants quelconques, aussi proches soient-ils — à l'aide, bien sûr, d'une caméra infinie —, nous ne parviendrons jamais à trouver l'image d'une grenouille immédiatement précédée de celle d'un têtard. On peut comparer le paradoxe de Cargile à la

---

1. Dans la théorie de la relativité, cette expression désigne un espace dont la quatrième dimension est le temps. (N.d.T.)

conception atomistique du devenir de Whitehead et à ce que Bergson appelle « la méthode cinématographique » dans *L'évolution créatrice*. Contrairement à Whitehead, Bergson pensait que le devenir est continu, mais que nous sommes incapables de l'appréhender par l'intelligence qui est pour lui « mécanique »; seule une intuition métaphysique, se situant au-delà de l'analyse mathématique et logique, nous permet de saisir la nature réelle du changement ou du devenir.

Comme nous pouvions nous y attendre, les conceptions de Whitehead et de Bergson ont été vivement critiquées. Ainsi, Grünbaum a fourni des analyses mathématiques et logiques des paradoxes de Zénon tendant à montrer que les mathématiques du continu sont non seulement exactes, mais encore qu'elles s'appliquent au réel d'une manière parfaitement cohérente. La solution de Grünbaum comporte des concepts mathématiques et scientifiques qui dépassent le cadre de cet ouvrage. Très éloignée des solutions habituelles, elle a été hautement controversée.

Historiquement, tout se passe donc comme si, à chaque fois qu'on « résolvait » les paradoxes de Zénon, d'autres problèmes faisaient leur apparition. Salmon, recourant à une métaphore pertinente, attire l'attention sur ce point dans son introduction aux *Paradoxes de Zénon* : « Les paradoxes de Zénon font penser à un oignon : lorsqu'on a enlevé les peaux extérieures et qu'on s'est débarrassé des difficultés les plus superficielles, de nouveaux problèmes plus profonds surgissent. Ainsi, dès que nous démontrons qu'il est mathématiquement logique de supposer qu'une série infinie de termes positifs possède une somme finie, apparaît le problème des machines infinies. Nous résolvons cette question; nous nous trouvons alors devant un continu constitué d'éléments inétendus. Quand nous pensons pouvoir affirmer la cohérence du continu, se pose la question de l'identité de structure entre le continu mathématique et le continu physique. Et ainsi de suite. Parviendrons-nous jamais à enlever toutes les pelures de l'oignon et à fournir une solution complète aux difficultés successives que soulèvent les paradoxes de Zénon ? Et si nous y arrivons, que restera-t-il au milieu ? Rien, semble-t-il, en un certain sens. En tout cas, certainement pas une nourriture consistante, comme l'atomisme de Whitehead ou quelque *vérité fondamentale* portant sur la nature du réel. Cependant, nous ne devons pas en conclure qu'il ne reste rien de valable. Les peaux que nous avons ôtées peuvent rentrer dans la composition d'un substantiel bouillon philosophique. L'analyse elle-même, en étudiant dans le détail une foule de problèmes essentiels, nous récompense largement de nos efforts en nous faisant approfondir notre manière d'appréhender intellectuellement l'espace, le temps, le mouvement, le continu et l'infini. Nous serions stupides d'affirmer que l'oignon n'était que pelures et de le jeter à la poubelle.

« Il serait bien sûr téméraire de prétendre que nous sommes parvenus à une solution complète des paradoxes de Zénon. Depuis Aristote, chaque époque découvre dans ces paradoxes des difficultés proportionnées à l'état des connaissances mathématiques, logiques et philosophiques. Quand des outils plus perfectionnés apparaissent, les philosophes s'attaquent à des problèmes jugés jusque-là insurmontables. Nous apportons des solutions appropriées à l'état actuel de notre savoir, mais ces solutions apparaîtront sans doute très inadéquates dès que nous aurons progressé. Les problèmes de Zénon, en effet, nous conduisent au cœur des concepts d'espace, de temps et de mouvement, concepts extrêmement complexes.

« Ou les pelures de l'oignon sont-elles en nombre infini ? S'il en est ainsi, nous avons affaire à une succession infinie de "tâches", qui met au défi sa réalisation complète en un temps fini, car les étapes en deviennent de plus en plus longues — et non le contraire — à mesure que s'approfondissent les difficultés. »

III

PARADOXES LOGIQUES

11. LE PARADOXE DU BARBIER

Dans un village se trouve un barbier. Respecté de tous et expert en son métier, il rase tous les hommes du village qui ne se rasent pas eux-mêmes, et seulement ceux-là. On demande : « Qui rase le barbier ? »

Il se rase lui-même, répondrez-vous. Mais, si tel est le cas, il viole la règle stipulant qu'il rase tous les hommes du village qui *ne* se rasent *pas* eux-mêmes. Cependant, s'il ne se rase pas lui-même, il contrevient au principe selon lequel il doit raser *tous* les hommes du village qui ne se rasent pas eux-mêmes. Qui donc rase le barbier ?

C'est Bertrand Russell qui a exposé ce paradoxe en 1918. Si nous réduisons le problème à ses éléments essentiels, nous avons affaire à deux ensembles dans l'ensemble de référence des hommes du village : l'ensemble de ceux qui se rasent eux-mêmes et l'ensemble de ceux qui sont rasés par le barbier. La question est de savoir à quel ensemble appartient le barbier. En fait, le barbier ne peut appartenir à aucun des deux ensembles parce que, comme nous venons de le voir, le fait même de son existence conduit à la conclusion contradictoire qu'il se rase lui-même si et seulement s'il ne se rase pas lui-même. Pour Willard V. Quine, le paradoxe constitue une preuve valide *a contrario* de l'impossibilité de l'existence du barbier. Il s'agirait d'un cas classique de réduction à l'absurde.

Les choses ne sont cependant pas aussi simples, car le paradoxe du barbier est exactement parallèle, dans sa structure, à un autre des paradoxes de Russell, plus élaboré celui-là, le paradoxe de l'ensemble de tous les ensembles qui ne sont pas éléments d'eux-mêmes. C'est en 1901 que Russell présenta ce paradoxe qui eut une grande influence sur la pensée mathématique contemporaine. Gottlob Frege, l'un des fondateurs de la logique mathématique moderne, parla même à ce propos de « séisme arithmétique ».

A la racine du paradoxe de Russell se trouve l'idée qu'à toute caractéristique descriptive ou propriété déterminée correspond un ensemble, c'est-à-dire qu'il suffit pour construire un ensemble de poser une condition nécessaire et suffisante pour y appartenir. Par exemple, si nous exigeons comme condition d'« être un satellite de la Terre en l'an 100 av. J.-C. », toute chose présentant cette caractéristique — ainsi, la Lune — sera dite être un élément de l'ensemble des « satellites de la Terre en l'an 100 av. J.-C. ». Si, maintenant, nous définissons l'ensemble comme celui des « satellites artificiels de la Terre en l'an 100 av. J.-C. », nous avons affaire à un ensemble ne comportant aucun élément, mais qui n'en est pas moins un ensemble, l'ensemble vide.

L'antinomie de Russell pose la question de l'appartenance d'un ensemble à lui-même. Il y a des ensembles qui, de toute évidence, ne sont pas éléments d'eux-mêmes : ainsi, l'ensemble des satellites de la Terre en 1980 n'appartient pas à lui-même, étant incapable de tourner autour de notre planète; l'ensemble des ouvrages de logique récréative n'est pas élément de lui-même, car, comme l'ont remarqué James Carney et Richard Scheer, il ne possède ni pages, ni texte, ni reliure, ni prix.

Mais cela ne veut pas dire qu'il n'existe pas d'ensembles qui soient éléments d'eux-mêmes. Considérez, par exemple, l'ensemble de tous les ensembles comprenant plus de dix éléments. Nous y trouvons l'ensemble des satellites artificiels en 1980, l'ensemble des livres de logique récréative, l'ensemble des chats, l'ensemble des chiens, l'ensemble des oiseaux, l'ensemble des serpents, l'ensemble des chameaux, l'ensemble des fleurs, l'ensemble des légumes, l'ensemble des arbres, l'ensemble des drapeaux, sans oublier l'ensemble des ratons laveurs. Il est donc évident que l'ensemble de tous les ensembles comprenant plus de dix éléments possède lui-même plus de dix éléments et se trouve être élément de lui-même. En effet, si cet ensemble n'était pas élément de lui-même, il ne serait pas l'ensemble de *tous* les ensembles possédant plus de dix éléments.

Revenons à nos ensembles qui ne sont pas éléments d'eux-mêmes — l'ensemble des satellites artificiels, celui des livres de logique, etc. — et posons la question : « L'ensemble de tous les ensembles qui ne sont pas éléments d'eux-mêmes est-il élément de lui-même ? » Pour des raisons de commodité, convenons d'appeler X l'ensemble de tous les ensembles qui ne sont pas éléments d'eux-mêmes. Si nous soutenons que X est élément de lui-même, alors, par définition, il n'est pas élément de lui-même, puisque X ne comprend que les ensembles qui ne sont pas éléments d'eux-mêmes. Inversement, si nous supposons que X n'est pas élément de lui-même, alors, toujours par définition, il est élément de lui-même, puisque X comprend tous les ensembles qui ne sont pas éléments d'eux-mêmes. Ainsi, X ne peut ni être ni ne pas être un élément de lui-même. Or, en vertu du principe du tiers exclu, il doit être l'un ou l'autre. Pour s'exprimer en langage ordinaire, cela veut dire que l'ensemble de tous les ensembles qui ne se contiennent pas eux-mêmes à titre d'éléments n'est pas élément de lui-même si et seulement si il est élément de lui-même. Nous voici confrontés à une contradiction.

Pour résoudre ce paradoxe, Russell proposait de rejeter — ou tout au moins de modifier — le principe d'abstraction[1]. Il parvint à la conclusion que l'ensemble de tous les ensembles qui ne se contiennent pas eux-mêmes à titre d'éléments *n'est pas* un ensemble. Quine développe ce point de vue dans l'article-titre de son recueil *Les chemins du paradoxe* : « Il n'est pas aisé de renoncer au principe [d'abstraction]. La méthode quasi invariable pour définir un [ensemble] est de poser une condition nécessaire et suffisante pour y appartenir. Cette condition étant posée, nous avons le sentiment d'avoir "donné" l'[ensemble] et pouvons à peine trouver un sens à l'hypothèse qu'il pourrait ne pas exister. L'[ensemble] peut être vide, bien sûr; mais comment serait-il possible qu'il n'y ait pas d'[ensemble] du tout ?

« Quelle "substance" attendre de cet ensemble qui ne lui serait pas donnée par la condition d'appartenance de ses éléments ? Cependant, de tels discours ne nous servent à rien face à l'antinomie, qui nous prouve tout simplement que le principe [d'abstraction]est insoutenable. Il ne s'agit plus alors que d'un simple point de logique, une fois que nous l'examinons de près : il n'existe pas d'[ensemble] — vide ou non — qui contienne à titre d'éléments les [ensembles] qui ne sont pas éléments d'eux-mêmes. Il serait élément de lui-même si et seulement si il ne l'était pas. »

Selon Russell, nous devons rejeter l'idée qu'à chaque prédicat correspond nécessairement un ensemble, autrement dit rejeter le principe selon lequel, à chaque fois que nous affirmons une propriété ou caractéristique, il existe nécessairement un ensemble dont les éléments présentent cette propriété ou caracté-

---

[1]. Ce principe, dit encore principe de compréhension, exige qu'à toute propriété, prédicat ou caractéristique corresponde un ensemble d'objets, même vide. (N.d.T.)

ristique. Russell estimait que les prédicats donnant naissance à des conclusions contradictoires devaient être considérés comme dépourvus de signification, puisqu'ils ne peuvent donner lieu à un ensemble. Comme le remarque Quine, la simple tentative de définition d'un ensemble nous conduit à supposer son existence de manière non fondée, alors que, lorsque nous définissons un ensemble, tout ce que nous faisons en réalité c'est de présupposer la *possibilité* de son existence. Il est clair cependant que la définition d'un ensemble, s'il s'agit d'une bonne définition, doit satisfaire aux conditions de possibilité de son existence, parmi lesquelles le principe exigeant que ces conditions ne se contredisent pas entre elles. Ainsi, nous n'avons pas le droit de définir une figure comme un « cercle carré », car « cercle » et « carré » sont des notions contradictoires : aucun ensemble — même vide — n'est constructible à partir d'une telle définition.

Russell put dont faire disparaître le paradoxe en demandant de ne pas tenir compte du principe d'abstraction dans les cas où la condition d'appartenance mentionne l'appartenance. En effet, cette restriction supprime le paradoxe, tout en conservant sa légitimité au principe d'abstraction dans ces domaines des mathématiques où le concept d'ensemble n'intervient que de manière secondaire ou inessentielle. Cependant, l'effet de la limitation du principe fut énorme sur la théorie générale des ensembles. Il fallut utiliser des indices distinguant entre les différents niveaux de langage pour que les logiciens se sentent de nouveau à l'aise avec le principe de compréhension, même restreint. Comme nous le verrons au chapitre 13, la solution de Russell à son propre paradoxe est semblable, ici, à la solution apportée par Alfred Tarski au paradoxe du menteur. Ces deux solutions nous obligent à rejeter l'idée intuitive, profondément enracinée en nous, que nous avons des deux notions fondamentales d'ensemble et de vérité.

Il existe d'autres moyens de résoudre le paradoxe de Russell : on a ainsi construit une théorie des ensembles fondée non plus sur notre logique classique à deux valeurs — vrai et faux — mais sur une logique plurivalente. Dans un tel système, la négation prend un sens différent de son sens traditionnel : il est alors possible à un ensemble d'être et de ne pas être élément de lui-même.

Le paradoxe de l'ensemble de tous les ensembles qui ne sont pas éléments d'eux-mêmes s'apparente au paradoxe de l'hétérologie, dû à Kurt Grelling, et à celui du plus petit nombre entier, dû à G.G. Berry, paradoxes étudiés au chapitre qui va suivre. Cependant, à la différence de ces derniers, le problème posé par Russell eut une réelle influence sur le développement de la pensée mathématique et se trouve encore au centre de nombreux débats. Il est remarquable par sa simplicité, ne faisant appel qu'aux notions d'ensemble et d'appartenance, alors que les paradoxes que nous allons examiner maintenant, utilisant un langage ambigu et complexe, sont avant tout d'ordre sémantique.

12. LE PARADOXE DE L'HÉTÉROLOGIE

Devant ses élèves, un professeur énumère les différentes sortes d'adjectifs : adjectifs qualificatifs, épithètes et attributs, adjectifs verbaux, adjectifs démonstratifs, possessifs, relatifs, etc. Une fois achevée la liste traditionnelle, il s'arrête un moment et ajoute :
— Il y a encore les adjectifs « autologiques » et « hétérologiques », dont je suis sûr que vous n'avez jamais entendu parler, car je les ai inventés la nuit dernière. Cela ne les empêche pas d'être tout aussi légitimes que les autres. Les adjectifs autologiques sont ceux qui sont vrais d'eux-mêmes : par exemple, « court » est court et donc autologique; de même « polysyllabique », puisqu'il comprend plusieurs syllabes, ou le terme « français » qui appartient à notre langue. En revanche, « long », « monosyllabique » et « anglais » sont hétérologiques : ils ne possèdent pas les propriétés qu'ils expriment.
— Excusez-moi, monsieur, intervient un élève assis au fond de la classe. Mais je suis un peu perdu. L'adjectif « hétérologique » est-il hétérologique ou autologique ?
— Mmm... Hétérologique, je pense... Oui, hétérologique !
— Mais alors, s'il est hétérologique, il est vrai de lui-même et donc il est autologique, par définition !
— Oui... Vous avez raison. Autologique, donc.
— Mais, dans ce cas, l'adjectif « hétérologique » est vrai de lui-même toujours par définition. Il se trouve ainsi être hétérologique et non autologique. Car tout ce à quoi s'applique le terme « hétérologique » est nécessairement hétérologique, je ne me trompe pas ?
— Eh bien... oui et non, bredouille le professeur.
Où classer ce troublant qualificatif ? « Hétérologique » est-il autologique ou hétérologique ?

C'est en 1908 que Kurt Grelling proposa le paradoxe de l'hétérologie. Il a depuis retenu l'attention de Russell, de F.P. Ramsey et de Quine. Il est très similaire au paradoxe du barbier (voir chapitre 11).

Pour saisir avec plus d'acuité la contradiction à l'œuvre dans ce paradoxe, réduisons le problème à ses éléments essentiels. Considérons donc deux ensembles d'adjectifs : ceux qui se décrivent eux-mêmes : « autodescriptifs » et ceux qui ne se décrivent pas eux-mêmes : « non autodescriptifs ». Auquel de ces deux ensembles appartient l'adjectif « non autodescriptif » ? Si vous répondez : « A l'ensemble des adjectifs non autodescriptifs », alors l'adjectif est descriptif de lui-même. Mais si vous répondez : « A l'ensemble des adjectifs autodescriptifs », il devient dans ce cas non autodescriptif. Plus simple est la version du paradoxe où l'un des ensembles contient les qualificatifs « vrais d'eux-mêmes » et l'autre les qualificatifs « non vrais d'eux-mêmes ». Auquel appartient le prédicat « non vrai de soi-même » ? De toute évidence, il ne peut être à la fois vrai et non vrai de lui-même, comme cette variante du paradoxe le laisse croire.

Certains commentateurs ont rejeté le problème, soutenant qu'il ne s'agissait pas d'un problème logique, mais avant tout d'un problème sémantique. Ainsi, Ramsey affirme que « la contradiction est due simplement à l'ambiguïté du terme "signification" et ne relève en aucune façon des mathématiques ». Dans le même ordre d'idées, Joshua C. Gregory prétend que le paradoxe crée une confusion entre ces trois choses différentes que sont un terme, le signe qui l'exprime et la signification qu'il possède. Pour lui, le terme « hétérologique » est mythique, mais on a pu lui fournir une certaine crédibilité — illégitime —, parce qu'il est possible à certaines significations de s'appliquer aux signes matériels qui les expriment : ainsi, le sens du mot « court » s'applique à la brièveté du signifiant.

Un philosophe pakistanais, Intisar ul-Haque, remarque que, pour qu'un mot soit considéré comme hétérologique ou autologique, il faut d'abord qu'il désigne quelque propriété autre que celles de l'hétérologie ou de l'autologie. Ces dernières propriétés sont des propriétés dépendantes, c'est-à-dire des propriétés dont l'existence exige en toute logique l'existence préalable de quelque autre propriété nous permettant de déterminer si tel adjectif est hétérologique ou non.

La solution généralement admise au paradoxe de Grelling fait appel à des notions fondamentales, liées à l'étude des concepts d'ensemble et de langage. Russell fournit une solution en faisant intervenir sa « théorie des types simple ». Selon lui, les ensembles peuvent être répartis en une hiérarchie de « types ».

Ainsi, un chat — individu : type zéro — est un élément de l'ensemble de tous les chats — ensemble de type un. Cet ensemble peut devenir un élément d'un autre ensemble de type deux, celui des vertébrés, par exemple. Cependant, comme le remarque Russell, l'ensemble de tous les chats ne peut pas être élément de lui-même, en d'autres termes, ne conduit pas à la contradiction de l'hétérologie. De la même façon, il ne peut exister un adjectif tel que « non vrai de soi-même » qui soit élément de l'ensemble des adjectifs non vrais d'eux-mêmes. Un tel adjectif, comme le barbier de Russell, ne peut exister.

Mais, si nous nous situons dans le langage ordinaire, les expressions « vrai de soi-même » et « non vrai de soi-même » paraissent s'appliquer à la situation exposée au début de ce chapitre. Le paradoxe est difficile à éliminer, à moins que nous ne fassions une distinction entre langage et métalangage. Comme dans la hiérarchie des types d'ensembles, il est possible d'établir une hiérarchie de ce qu'on pourrait appeler des « méta-énoncés ». En premier lieu viennent les énoncés portant sur le monde réel, tels que « Tous les chats sont des animaux » ou « Mon chat est noir », exemples tirés de la « langue-objet », le plus bas niveau dans la hiérarchie des langages. Des énoncés portant sur ces énoncés — comme « La proposition "Mon chat n'est pas noir" est fausse » ou « La proposition "Mon chat est noir" est vraie » — n'appartiennent pas à la langue-objet, mais à un premier niveau de métalangage, c'est-à-dire à un langage portant sur un langage. De la même façon, on ne peut parler d'un métalangage d'ordre un que dans un métalangage d'ordre deux, et ainsi de suite à l'infini.

Par commodité, mathématiciens et logiciens se servent d'indices pour distinguer les différents niveaux. Ainsi, Quine écrit : « Alors que "long" et "court" sont des adjectifs qui possèdent une valeur de vérité appliqués à eux-mêmes, fausse dans un cas et vraie dans l'autre, des qualificatifs comme "vrai de lui-même" et "non vrai de lui-même" n'ont aucune valeur de vérité appliqués à eux-mêmes, que ce soit vrai ou faux. Donc, à la question : "L'expression 'vrai de lui-même' est-elle vraie d'elle-même ?", la réponse est non; l'expression "vrai de lui-même" n'est pas vraie d'elle-même, mais n'a aucun sens. »

Ainsi, pour éviter le paradoxe quand nous nous prononçons sur la vérité ou la fausseté d'un énoncé, il nous suffit de le faire dans un « méta-énoncé » dont l'indice est supérieur à celui de l'énoncé dont nous parlons. Chaque énoncé violant cette règle ne doit être considéré ni comme vrai ni comme faux, mais comme dénué de sens.

Proche de celui de Grelling, le paradoxe du plus petit nombre entier fut formulé pour la première fois par G.G. Berry, mais c'est Russell qui le publia et l'analysa en 1908. Selon les termes du paradoxe, la langue française exprime chaque nombre entier à l'aide d'un certain nombre de mots. Ainsi, « vingt et un » comprend trois mots et « deux mille cinq cent trente-trois » six mots. Le nombre de mots tend à augmenter à mesure que les nombres deviennent plus grands, mais, à partir d'un nombre donné de mots, seul un nombre fini d'entiers peut être exprimé. Il s'ensuit que les noms de certains entiers doivent contenir, disons quinze mots et que, parmi eux, se trouve *un plus petit* nombre entier, c'est-à-dire qu'il doit nécessairement exister un nombre entier répondant à la définition suivante : « Le plus petit nombre entier ne pouvant être exprimé en moins de quinze mots ».

Il semble que ce nombre soit 1 297 297 (un million deux cent quatre-vingt-dix-sept mille deux cent quatre-vingt-dix-sept). Il existe bien sûr d'autres nombres — comme 2 297 297 — pouvant être exprimés en moins de quinze mots, mais il n'y en a qu'un qui soit le plus petit nombre entier répondant à la définition.

Mais allons plus loin. L'expression « le plus petit nombre entier ne pouvant être exprimé en moins de quinze mots » est elle-même une dénomination du nombre en question et comporte quatorze mots ! Nous sommes donc face à une contradiction : le plus petit nombre entier ne pouvant être exprimé en moins de quinze mots est en fait exprimable en moins de quinze mots.

Russell soutenait qu'on pouvait résoudre le paradoxe de Berry de la même manière que le paradoxe de Grelling, en distinguant entre différents ordres de langage; dans le cas qui nous occupe, entre les divers ordres de dénomination des nombres entiers. Comme celui de l'hétérologie, le paradoxe du plus petit nombre entier comporte une grande part d'ambiguïté. L'expression discutée signifie quelque chose comme : « Le plus petit nombre entier ne pouvant être exprimé en moins de quinze mots, dans le système français de numération ». Mais en quoi consiste exactement ce système ? On peut dire que 1 297 297 est le plus petit nombre répondant à la définition dans le système français. Et pourtant, un Belge ou un Suisse peuvent exprimer ce même nombre en moins de quinze mots, en disant « un million deux cent nonante sept mille deux cent nonante sept », expression comprenant onze mots. Nous pouvons, à l'inverse, nous servir de l'expression « un million deux cent cinquante-sept mille deux cent cinquante-sept plus quarante mille quarante », désignant le même nombre et comprenant également quinze mots.

De toute évidence, la formule dont nous parlons est ambiguë et ne se réfère à aucun nombre particulier si nous ne précisons pas le système de la langue française dans lequel nous exprimons la numération. Néanmoins, même s'il existe un tel système, précis et sans ambiguïté, nous avons encore affaire à deux ordres de langage. Selon Russell, par exemple, l'expression « pouvant être exprimé » demeure ambiguë tant que nous ne mentionnons pas le niveau de langage auquel nous l'utilisons. En conséquence, Russell proposait de reformuler la définition en cause de la manière suivante : « Le plus petit nombre entier ne pouvant être exprimé en moins de quinze mots d'ordre n ». Cette dernière expression, considérée comme une dénomination, n'appartient pas à l'ordre n, mais à l'ordre $n + 1$, car elle a pour fonction de décrire les expressions servant à désigner les nombres et se situant à un premier niveau de langage.

Donc, de même que dans les paradoxes du barbier et de l'hétérologie, il y a à l'œuvre dans le paradoxe de Berry une hiérarchie des fonctions du langage. La contradiction disparaît une fois que nous avons déterminé le niveau sur lequel nous nous situons, car il est parfaitement cohérent et logique que deux ou plusieurs dénominations, appartenant à des langages d'ordre différent, renvoient au même nombre, tout en utilisant un nombre de mots différent.

13. LE PARADOXE DU MENTEUR

Le plus ancien de tous les paradoxes logiques est celui du menteur, attribué au philosophe grec du VIe siècle avant Jésus-Christ, Eubulide, de l'école de Mégare. Le paradoxe se formulait à l'origine de la façon suivante : on demande à un menteur s'il ment lorsqu'il affirme être en train de mentir. S'il répond : « Oui, je mens », de toute évidence, il ne ment pas, car si un menteur affirme qu'il ment alors il dit la vérité. A l'inverse, s'il répond : « Non, je ne mens pas », alors il est vrai qu'il ment et, par conséquent, il est en train de mentir.

Une autre version plus connue du paradoxe fait dire à un Crétois, appelé Epiménide : « Tous les Crétois sont menteurs. » Reste à déterminer la vérité de l'affirmation d'Epiménide. Saint Paul fait référence à ce problème dans son épître à Tite (chap.1, v.12) : « L'un d'entre eux, leur propre prophète, a dit : Crétois, perpétuels menteurs[1]... » L'apôtre s'exprime cependant avec une ambiguïté telle qu'il semble esquiver la question, ce qui empêche le paradoxe d'apparaître clairement dans sa formulation.

La meilleure version en est peut-être le *pseudomenon* qui affirme simplement : « Je mens. » Parmi d'autres variantes, nous avons la phrase : « Cette proposition-ci n'est pas vraie » et la célèbre carte mise au point par le mathématicien français P.E.B. Jourdain en 1913 : on peut lire au recto « La phrase écrite de l'autre côté de cette carte est vraie » et au verso « La phrase écrite de l'autre côté de cette carte est fausse ».

Toutes ces versions du paradoxe du menteur ont en commun de nous obliger à tirer des conclusions contradictoires quant à la valeur de vérité de chaque affirmation. La question est de savoir comment venir à bout du paradoxe, si cela est possible.

Le paradoxe du menteur a donné lieu à de nombreux commentaires de la part de philosophes, de mathématiciens et de

---

[1]. Traduction de la Bible de Jérusalem.

savants depuis l'Antiquité jusqu'à nos jours. Aristote s'est penché à plusieurs reprises sur ce problème et, comme nous allons le voir, ses analyses ont fait autorité pendant plus d'un millénaire. Avant l'ère chrétienne, Aulu-Gelle, Chrysippe, Sénèque et Cicéron s'y sont intéressés eux aussi. Philetas de Cos, autre logicien ancien, serait mort prématurément du désespoir de ne pouvoir résoudre le paradoxe...

Dans son traité *Des réfutations sophistiques*, qui porte sur les faux raisonnements logiques, Aristote a lié le paradoxe du menteur à un autre problème logique et moral, celui du parjure. Est-il possible à une même personne de respecter son serment et de le briser tout à la fois ? Supposons que quelqu'un jure de briser son serment. Plus tard, il jure de faire telle ou telle chose, mais ne respecte pas sa parole et refuse de faire ce qu'il a juré. Il semble donc possible que la personne en question puisse, en même temps, tenir et ne pas tenir parole. Aristote soutient qu'il s'agit d'un sophisme *secundum quid et simpliciter*[1] et déclare : « Car celui qui a juré de se parjurer tient, en se parjurant, son serment sur ce point seulement, mais il ne tient pas son serment absolument[2]. »

En d'autres termes, notre personnage tient parole uniquement eu égard au premier serment, où il jure de briser son serment. Par rapport au second, l'homme n'est qu'un parjure.

Dans le même passage, Aristote procède à une analogie entre la solution du problème du parjure et celle du paradoxe du menteur, en disant simplement que l'argument est similaire en ce sens que la question est de savoir si quelqu'un peut affirmer quelque chose qui soit à la fois vrai et faux. Il laissait ainsi le soin à ses successeurs de développer plus longuement le paradoxe du menteur. Dans l'Antiquité, les penseurs, particulièrement Aulu-Gelle et Cicéron, suivirent les analyses d'Aristote. Mais ce n'est pas avant le Moyen Age que, en suivant les principes d'Aristote, l'on développa de manière complète le problème du menteur, qui se révéla, à la surprise des commentateurs, différent dans sa structure de celui du parjure.

Considérez, par exemple, la version contemporaine suivante du paradoxe du menteur, exactement parallèle en apparence au

---

[1]. Il s'agit d'un sophisme considérant comme valable d'une manière absolue *(simpliciter)* quelque chose qui n'a de sens que relativement à une autre chose *(secundum quid)*. (N.d.T.)
[2]. Traduction de Jean Tricot (Vrin).

problème aristotélicien du parjure. Supposons que Socrate jure de ne vous dire que des choses fausses, et que, plus tard, il vienne et vous déclare : « Vous êtes une pierre. » Eu égard à son serment, Socrate dit la vérité. Mais on peut soutenir aussi qu'il ment, puisqu'il ne dit que des choses fausses. Donc, une même personne peut à la fois mentir et dire la vérité.

Au Moyen Age, nombre de penseurs, aveugles à cette différence, continuèrent à analyser le problème dans les termes aristotéliciens de sophisme *secundum quid et simpliciter*. Cependant, leurs façons de poser et de formuler le problème étaient, pour la plupart, de loin supérieures aux précédentes. Ainsi, la version de saint Thomas d'Aquin présente le net avantage d'utiliser le temps présent et d'éviter de cette manière les ambiguïtés temporelles. Il écrit dans son *De fallaciis* : « De même ici : "Le Menteur dit la vérité en disant qu'il parle faussement. Donc, il dit la vérité." La conclusion ne suit pas. Car dire le vrai s'oppose à dire le faux, et réciproquement. » Saint Thomas n'a pas seulement inclus dans son analyse l'idée que le menteur déclare : « Je dis le faux », mais aussi que c'est *tout* ce qu'il dit qui est faux, ce qui est le meilleur moyen de rendre sa force au paradoxe.

Au XIIIe siècle, seuls quelques penseurs parvinrent à formuler le problème de manière rigoureuse et complète. Et jusqu'au XVe siècle se développa chez les scolastiques médiévaux une extraordinaire tradition, celle des *insolubilia*, problèmes qu'on pensait sinon impossibles, du moins très difficiles à résoudre. Nombre de ces questions se rattachaient au paradoxe du menteur, certaines prenant leur source dans des sophismes classiques chez les stoïciens, comme ceux que nous verrons dans les deux chapitres suivants, le dilemme du crocodile et le paradoxe de l'avocat, versions élaborées du paradoxe du menteur.

C'est au XIVe siècle que Jean Buridan a fourni l'une des formulations les plus rigoureuses du paradoxe. Socrate énonce simplement : « Ce que dit Platon est faux », et Platon : « Ce que dit Socrate est vrai. » Si nous disons que ce que dit Platon est faux, alors ce que dit Socrate est nécessairement vrai. Or, Socrate déclare que ce que dit Platon est faux. Donc, ce que dit Socrate est nécessairement faux. En conséquence, il nous faut conclure que l'assertion de Socrate est vraie et fausse en même temps.

Buridan soutient que le paradoxe est dû à l'ambiguïté de

l'expression « en même temps ». En effet, selon lui, à chaque phrase est associé un temps et, si nous ne précisons pas lequel, des contradictions apparaissent. Ainsi, des propositions comme « Socrate est mort » et « Socrate est vivant » semblent contradictoires si nous laissons le temps dans le vague. Nous savons cependant qu'il est possible que chacune des propositions soit vraie ou fausse, mais seulement à des moments différents. Ainsi, « Socrate est mort » peut être faux à un moment t_1 et vrai à un moment t_2. Selon Buridan, le paradoxe du menteur disparaît si l'on relie les moments appropriés aux expressions « Ce que dit Platon est faux » et « Ce que dit Socrate est vrai », car il est possible aux deux propositions d'être vraies à des moments différents.

La doctrine de la *cassatio* fournissait un autre type de réponse classique au problème du menteur : elle consistait à affirmer que le menteur, quand il prétend mentir, en fait ne dit rien. Pour les tenants de cette analyse, les énoncés insolubles, comme celui du menteur, n'exprimaient en réalité aucune proposition susceptible de vérité ou de fausseté, en d'autres termes n'avaient aucun sens. Les penseurs médiévaux n'ont pas la paternité de cette analyse quoiqu'ils fussent, selon toute apparence, ignorants des textes anciens qui développaient une doctrine semblable.

En effet, on peut faire remonter la théorie de la *cassatio* à un bref passage de la *Métaphysique* d'Aristote, où il écrit qu'on ne peut discuter avec le menteur pour la simple raison qu'« il ne dit rien ». En dépit des références qui leur manquaient, les scolastiques furent les premiers à développer totalement la doctrine de la *cassatio*, en examinant attentivement des énoncés du type « Je ne parle pas » ou « Je me tais ».

Une autre approche du problème au Moyen Age tient compte du fait que de telles expressions portent sur elles-mêmes, se référant à leur propre contenu (cf. Introduction). Certains logiciens, dont Albert de Saxe et Guillaume d'Ockham, soutinrent qu'on ne peut pas substituer à la totalité d'une proposition l'une de ses parties, c'est-à-dire qu'on n'a pas le droit d'utiliser une partie d'une proposition pour signifier la totalité dont elle fait partie. Comme le note Ockham, une phrase contenant les termes « vrai » ou « faux » ne peut se situer dans le domaine de référence de ces termes. Ce point de vue semble impliquer une sorte de hiérarchie des langages.

L'une des analyses les plus intéressantes du paradoxe du menteur est celle de Pierre d'Ailly, qui écrivit un traité sur les *insolubilia* à la fin du XIVe ou au début du XVe siècle. Il distingue, comme Ockham, trois types de propositions : orales, écrites et mentales. Selon lui, une proposition mentale est une proposition qui signifie (exprime son sens) d'une manière naturelle; et aucune proposition mentale ne peut affirmer quoi que ce soit à son propre sujet, sa vérité ou sa fausseté. Elle n'est vraie ou fausse que selon qu'elle s'accorde ou non avec le monde réel. D'autre part, continue d'Ailly, les propositions orales ou écrites possèdent une signification établie par convention et dépendent toujours des propositions mentales. Les contradictions des *insolubilia* sont dues au fait que, nous servant d'une proposition orale ou écrite pour affirmer la vérité ou la fausseté d'une proposition mentale, nous en arrivons à confondre les deux. Ainsi, comme l'écrit Anton Dumitriu dans son étude comparative des solutions scolastiques et contemporaines apportées aux paradoxes sémantiques : « La solution de Pierre d'Ailly démontre donc que les valeurs de vérité d'une proposition mentale ne peuvent être exprimées dans le même système de propositions mentales, mais seulement dans un autre système parlant de ces propositions mentales, comme le fait le système des propositions orales ou écrites. » A certains égards, ce point de vue s'apparente aux solutions contemporaines qui font appel aux notions de niveaux de langage et de métalogique.

De nos jours, c'est Bertrand Russell qui fut le premier à tenter sérieusement de résoudre le paradoxe du menteur. Selon lui, les paradoxes de ce type, tout comme ceux de l'ensemble de tous les ensembles et de l'hétérologie, ont pour cause un raisonnement circulaire. En effet, on nous demande d'admettre qu'un ensemble puisse contenir des éléments qui ne sont définis que par le moyen de l'ensemble lui-même, ce qui produit le cercle vicieux. Avec sa théorie des types, Russell prétend éviter de tels paradoxes, en proposant de rejeter les énoncés qui conduisent à de telles conséquences comme dépourvus de signification, c'est-à-dire ni vrais ni faux.

Russell — et plus tard Rudolf Carnap — a formulé de manière plus précise sa théorie des types — dite « théorie des types ramifiée » — en distinguant entre différents « types » de propositions. Ainsi, soit les objets x et y : ils sont dits de type zéro. Si nous parlons de ces objets — par exemple, « x est noir » ou « y est vieux » — nous avons affaire à des propriétés de ces objets (type un). Il est également possible de parler des propriétés des propriétés de ces objets et de dire : « Le noir est une couleur » ou « Vieux est un prédicat temporel » (type deux). Mais, dans cette théorie, des énoncés comme « Le noir est vieux » sont inadmissibles, car dépourvus de sens : en effet, la vérité ou la fausseté d'une proposition de type n ne peut être discutée que dans une proposition de type $n + 1$.

Russell veut prévenir le paradoxe en utilisant le principe du cercle vicieux, principe qui considère de tels énoncés comme dénués de signification. La théorie ne rend cependant pas compte du sophisme responsable du cercle rencontré dans le paradoxe du menteur. C'est sur une autre suggestion de Russell — à savoir que les concepts de vrai et de faux peuvent aussi être hiérarchiquement ordonnés — que des logiciens, et en particulier Alfred Tarski, se sont attaqués à la question.

L'analyse que Tarski propose du paradoxe du menteur est supérieure dans sa formulation et sa méthode à celle de Russell. Comme il l'écrit lui-même dans un article de 1969, intitulé « Preuve et vérité », elle fait appel à « une distinction précise entre le langage qui fait l'objet de notre discussion et pour lequel en particulier nous tentons de construire une définition de la vérité, et le langage dans lequel la définition doit être formulée et ses implications étudiées. Ce dernier est appelé "métalangage", le premier étant la "langue-objet". »

Tarski part de la notion de vérité : il définit une phrase comme vraie si elle correspond à un état existant des choses, et comme fausse dans le cas contraire. Ce point de vue, qui constitue la conception classique ou sémantique de la vérité, est très proche de celui d'Aristote dans sa *Métaphysique*. Tarski nous demande ensuite de considérer la phrase suivante :

1) La phrase imprimée à la page 142, lignes 30-31, de ce livre est fausse.

Symbolisons cette phrase par « p ». En tenant compte du fait que 1) est la phrase imprimée page 142, lignes 30-31, de ce livre, il s'ensuit que :

2) « p » est faux si et seulement si la phrase imprimée à la page 142, lignes 30-31, de ce livre est fausse.

De par notre définition de la vérité, nous pouvons poser :

3) « p » est vrai si et seulement si p.

Mais « p » remplace la phrase entière 1). Donc, nous pouvons substituer 1) à chaque occurrence de « p ». Si nous procédons ainsi pour la deuxième partie de 3), nous obtenons :

4) « p » est vrai si et seulement si la phrase imprimée à la

page 142, lignes 30-31, de ce livre est fausse. Si nous comparons 3) et 4), alors vient la contradiction :
 5) « p » est faux si et seulement si « p » est vrai.

Après avoir ainsi présenté le paradoxe de manière formelle, Tarski poursuit en démontrant qu'il est impossible de construire une définition formelle de la vérité ou de la fausseté « quand l'ordre du métalangage est égal à l'ordre du langage lui-même. » Les concepts de vérité et de fausseté ne peuvent donc être définis rigoureusement dans le même ordre de langage que celui utilisé pour les exprimer, mais seulement dans un langage d'ordre supérieur, un métalangage. Toujours selon Tarski, le menteur peut parler faussement dans un langage L, mais ne peut rien affirmer au sujet de la valeur de vérité de l'assertion « Je mens » dans le même langage L : il n'a le droit de le faire que dans un langage L_1. Si les niveaux de langage ne sont pas précisés, l'affirmation du menteur est dans le même temps utilisée et mentionnée, ambiguïté qui suffit à créer le paradoxe. Tarski ajoute que toutes les langues naturelles sont, de la même manière, incohérentes dans leur essence, ce que nous remet en mémoire le paradoxe du menteur.

De nombreux commentateurs ont attiré l'attention sur le rapport existant entre la théorie de la hiérarchie des langages, due à Tarski, et les célèbres théorèmes de Kurt Gödel, portant sur l'« insaturation[1] » — ou « incomplétude » *(« incompleteness »)* — de l'arithmétique. C'est en 1931 que Gödel prouva qu'il est impossible de construire un système axiomatique *complet et cohérent* de l'arithmétique. Apparemment, cette démonstration n'a rien à voir avec le paradoxe du menteur ou l'œuvre de Tarski : mais un examen, même rapide, du problème de la cohérence et de la nature de la preuve formelle rend les connexions évidentes.

Ce sont encore une fois les Grecs qui ont développé les premiers la méthode axiomatique, l'exemple le plus célèbre étant la géométrie euclidienne. On considérait que toute géométrie élémentaire pouvait se réduire à un certain nombre de formules primitives admises sans preuve, les « axiomes ». En utilisant correctement les règles du raisonnement déductif, il est possible de dériver, à partir des axiomes, d'autres propositions vraies,

---

1. Il y a *saturation* si l'adjonction d'un nouvel axiome à l'intérieur d'une axiomatique donnée rend celle-ci contradictoire. (N.d.T.)

appelées « théorèmes ». Si l'on tient pour vrais les axiomes, la vérité et la cohérence de tous les théorèmes correctement déduits à partir de ces axiomes sont garanties. Quoique cette méthode ait eu une grande influence sur la pensée mathématique et scientifique postérieure, seule la géométrie euclidienne possédait en fait ce qu'on considérait comme une base axiomatique solide.

Ce n'est pas avant la seconde moitié du XIXe siècle, avec la découverte des géométries non euclidiennes, que les mathématiciens se mirent à appliquer la méthode axiomatique à d'autres domaines de leur science. L'« axiomatisation » des mathématiques, comme on appelle ce processus, conduisit à « formaliser », c'est-à-dire à remplacer par des symboles formels, les axiomes et théorèmes, auparavant exprimés dans le langage ordinaire. Dans une théorie formalisée, des formules sont déduites d'autres formules au moyen des règles logiques admises à l'intérieur du système. La formalisation se distingue de l'axiomatisation dans le sens qu'elle s'appuie uniquement sur la forme ou la structure des formules et des règles qui s'y appliquent; aucune des significations du langage ordinaire n'y intervient. Comme le remarque Tarski, « il est bien connu maintenant que toutes les disciplines mathématiques existantes peuvent être présentées comme des théories formalisées. On peut fournir des preuves formelles aux théorèmes les plus profonds et les plus difficiles, théorèmes qui furent d'abord établis par des arguments intuitifs ».

Au tournant du siècle, le problème de la cohérence fut au centre des préoccupations des mathématiciens, car, si des propositions comme le postulat d'Euclide et sa négation peuvent toutes deux être tenues pour vraies, quoique dans des systèmes géométriques différents[1], il apparaissait donc que des théorèmes n'étaient plus *nécessairement* vrais. En outre, il n'y avait plus de certitude qu'aucune contradiction ne s'élève, une fois les règles logiques correctement appliquées à des variables pourvues de sens.

De nombreux mathématiciens, dont David Hilbert et John von Neumann, purent prouver la cohérence de certains domaines des mathématiques, mais il s'agissait de preuves essentiellement

---

[1]. Le postulat d'Euclide affirme que « par un point extérieur à une droite, on peut mener une et une seule parallèle à cette droite ». Il n'en va pas de même dans les géométries non euclidiennes. Pour Nikolaï Lobatchevski (1792-1856), « il passe une infinité de parallèles à cette droite ». Pour Bernhart Riemann (1826-1866) « il ne passe aucune parallèle à cette droite ».

relatives, c'est-à-dire démontrant, par exemple, qu'un système géométrique est cohérent si un autre système géométrique est cohérent. C'est Gottlob Frege qui montra la nécessité d'établir une preuve absolue de la cohérence de l'arithmétique (et ce besoin se fit de plus en plus sentir au fur et à mesure que la cohérence des autres domaines des mathématiques se révéla pouvoir se ramener à celle de l'arithmétique). Frege fut stimulé dans sa recherche par la publication du paradoxe de Russell en 1901.

Il revint à Gödel de démontrer qu'il était impossible de fournir une telle preuve. Utilisant un système de numération spécial, il établit que, pour tout système déductif S, si celui-ci est cohérent, il existe, à l'intérieur du système, une expression bien formée G qui ne peut être prouvée par les règles du système S. En langage arithmétique, cela signifie qu'il existe des énoncés arithmétiques qui sont vrais, mais dont on ne peut démontrer la vérité — tout au moins à l'aide des axiomes et des règles logiques utilisés en arithmétique. Il établit également que, à l'intérieur de n'importe quel système numérique bien formé S, il existe une expression bien formée non-G qui est fausse, mais dont on ne peut pas non plus prouver la fausseté. En clair, disons que Gödel a démontré que tout système déductif d'une théorie des nombres, comme l'arithmétique, contient une assertion signifiant : « Je ne suis pas démontrable. »

Une telle phrase semble paradoxale au premier abord, car elle s'apparente dans sa forme à l'affirmation du menteur, mais, en fait, elle n'est pas contradictoire. Pour le démontrer, écrit John Van Heijenoort dans un essai sur le théorème de Gödel, il suffit de considérer l'assertion « Je ne suis pas démontrable » et de définir la notion de « démontrable » en disant simplement : « Aucune phrase fausse n'est démontrable. » Ainsi, si la phrase « Je ne suis pas démontrable » était démontrable, elle serait fausse et donc non démontrable. Mais, s'il en est ainsi, elle est à la fois non démontrable *et* vraie, car elle affirme d'elle-même ne pouvoir être démontrée, ce qui est effectivement le cas. A l'inverse, si nous considérons la négation de la phrase examinée — « Je suis démontrable » — et la soumettons à une analyse similaire, nous sommes amenés à conclure que cette seconde assertion est fausse, mais également non démontrable. « Nous côtoyons le paradoxe, commente Van Heijenoort, mais nous parvenons à l'éviter... Le seul point quelque peu surprenant est que nous avons dû établir une distinction entre "vrai" et "démontrable[1]". Si nous refusons de le faire, le paradoxe du menteur réapparaît. »

Contrairement à ce qu'on pourrait croire de prime abord, les conclusions de Gödel ne dépendent pas d'axiomes ni de règles d'inférence spécifiques. Le résultat du raisonnement demeure essentiellement inchangé, quels que soient les caractères propres à la théorie formalisée qu'on utilise. Ainsi le théorème de Gödel s'applique non seulement à l'arithmétique, mais encore à toute théorie formelle faisant intervenir les nombres naturels.

Toutes les solutions au paradoxe du menteur que nous venons d'examiner relèvent de la logique classique à deux valeurs. Mais on a développé des logiques à plusieurs valeurs — dites multivalentes — qui ont analysé le problème de manière différente. Par exemple, dans une logique à trois valeurs, des énoncés comme celui du menteur ne sont considérés comme ni « vrais » ni « faux », mais comme possédant une troisième valeur, dite « paradoxale » ou « absurde ». Dans une autre logique trivalente, ils sont appelés « indécidables », c'est-à-dire qu'ils possèdent une valeur de vérité — ils sont en fait vrais ou faux — mais que nous ne pouvons déterminer avec certitude. Il se trouve que toutes ces logiques trivalentes finissent par échouer, car elles donnent lieu à une forme renforcée du paradoxe du menteur, celle qui affirme : « Cette phrase-ci est fausse, ou paradoxale. »

P.F. Strawson a proposé une approche originale du problème, en soutenant que « vrai » n'est pas tant un terme descriptif — comme le prétend la théorie traditionnelle pour qui la vérité consiste dans l'accord, la correspondance entre le sujet connaissant et l'objet connu — qu'une énonciation « performative ». Au lieu de constituer une assertion, elle réalise un acte du sujet — en l'occurrence l'acte d'accepter l'assertion elle-même.

En effet, selon Strawson, dire « Il est vrai que la neige est blanche » n'est pas formuler une expression à propos d'une autre expression, mais simplement énoncer « La neige est blanche » et admettre cet énoncé. Ainsi, dire qu'une phrase est vraie revient à dire : « J'approuve. » En conséquence, Strawson rejette l'analyse métalinguistique du paradoxe du menteur et soutient que

---

1. Cette distinction est due au fait que, comme l'a montré Gödel, l'ensemble des assertions démontrables à l'intérieur d'un système S ne coïncide pas avec l'ensemble des assertions vraies à l'intérieur du même système. (N.d.A.)

tenir un propos tel que « Cette phrase-ci est fausse » équivaut à dire « J'approuve » alors que personne n'a parlé.

D'autres philosophes contemporains, dont Saul Kripke, ont également réfuté la théorie de Tarski : selon eux, d'accord en cela avec notre intuition, « vrai » ne consiste qu'en un seul terme et non pas en une série d'expressions comme « vrai-zéro, vrai-un, vrai-deux », etc. Kripke précise que beaucoup de nos énoncés portant sur le vrai ou le faux peuvent devenir paradoxaux, si nous tenons compte de certains faits empiriques. Examinons ainsi des assertions comme « Tout ce que dit Nixon au sujet du Watergate est faux », soutenue par l'ancien conseiller à la Maison Blanche John Dean, et celle que proféra le Président Nixon : « Tout ce que dit John Dean au sujet du Watergate est faux. » L'analyse métalinguistique rend impossible à chacun des deux hommes de déterminer le niveau adéquat de vérité des affirmations de l'autre. En effet, l'énoncé de Dean doit nécessairement se situer sur un niveau supérieur à tous les énoncés de Nixon, et réciproquement !

Kripke est en partie parvenu à développer une hiérarchie des niveaux de langage — sans utiliser d'indices. Sa théorie, où le prédicat « vrai » est simple et univoque, rend compte du paradoxe du menteur. Les assertions du type de celle du menteur sont dites paradoxales, mais Kripke prend soin de définir « paradoxal » non comme une valeur de vérité dans une logique multivalente, mais comme *n'étant pas* une valeur de vérité.

L'analyse de Kripke fait également appel au concept de « fondement » *(« groundedness »)*. Imaginez-vous essayant d'expliquer le sens du mot « vrai » à un étranger qui connaît assez de français pour communiquer mais ignore ce que signifie le terme « vrai ». Vous pouvez lui dire qu'une expression est vraie quand on a le droit de l'affirmer et qu'elle n'est pas vraie quand on a le droit de la rejeter. Cela posé, l'étranger peut soutenir, en se fondant sur sa compréhension du mot « vrai » et sur ses observations, que :

La neige est blanche.
Et ajouter :
Il est vrai que la neige est blanche.
Puis :
Il est vrai qu'il est vrai que la neige est blanche.
Et ainsi de suite.

Selon Kripke, une assertion sera dite « fondée » si, au cours de ce processus, il est possible de lui assigner une valeur de vérité.

Ceci se produit au premier échelon où l'ensemble des énoncés vrais — ou faux — est le même qu'au niveau précédent. Pour les phrases du type « La neige est blanche », le fondement apparaît presque immédiatement. Il existe peu d'assertions non fondées et encore moins d'assertions paradoxales. La philosophe britannique Susan Haack écrit à ce sujet dans sa *Philosophie de la logique* : « Aucun énoncé paradoxal n'est fondé, mais tous les énoncés non fondés ne sont pas paradoxaux : un énoncé est dit paradoxal si à *aucun* moment on ne peut lui attribuer sans incohérence une valeur de vérité. Ceci explique que l'assertion "Cette phrase-ci est vraie" nous semble aussi étrange que l'assertion "Cette phrase-ci est fausse", alors que, contrairement à cette dernière, elle est cohérente. En effet, il est *possible* de lui attribuer une valeur de vérité, mais seulement de manière *arbitraire*; en revanche, il est *impossible* d'attribuer sans incohérence une valeur de vérité à l'expression "Cette phrase-ci est fausse". »

L'analyse de Kripke n'est pas à l'abri des critiques dans la mesure où elle rejette le paradoxe renforcé du menteur, d'une manière semblable à celle de Tarski. Ce qui est clair, c'est que beaucoup des solutions contemporaines offrent des ressemblances frappantes avec les solutions médiévales. Comme l'a remarqué l'Américain Paul Vincent Spade, spécialiste des *insolubilia*, il n'existe peut-être pas de solution définitive au paradoxe du menteur : il faut alors nous contenter d'élaborer des variantes plus ou moins élégantes des mêmes approches de base. Cependant, même s'il en est réellement ainsi, l'importance de l'œuvre de Russell, Tarski, Gödel et maintenant Kripke, portant sur les fondements des mathématiques et la logique métamathématique, témoigne de la valeur de leurs tentatives.

14. LE DILEMME DU CROCODILE

Un jour, un crocodile s'empara d'un bébé qui jouait sur les bords du Nil. La mère supplia l'animal de lui rendre son fils.
— Soit, répondit le crocodile. Si tu devines exactement ce que je vais faire, je te rendrai l'enfant. Mais, si tu te trompes, je le mangerai.
— Tu vas le dévorer ! s'écria la mère.
— Je ne peux pas te le rendre. Car, si je te le rends, tu te seras trompée et je t'ai prévenue que, dans ce cas, ton fils sera dévoré.
— Bien au contraire ! Tu ne peux pas le manger, car, si tu le fais, j'aurai dit la vérité et tu m'as promis que, dans ce cas, tu me rendrais mon enfant. Et je sais que tu es un honorable crocodile, respectueux de la parole donnée.
Dans cet échange d'arguments, qui a raison ? Et, du point de vue logique, que va-t-il se passer ?

On rencontre ce type de dilemme pour la première fois chez Diogène Laërce, biographe grec du IIIe siècle après Jésus-Christ, mais d'autres références le font remonter aux sophistes du Ve siècle avant Jésus-Christ. Ce paradoxe est lié, par son histoire et par sa structure, à celui du menteur, dont il est en fait une variante élaborée.

La question n'est pas tant de savoir qui est le vainqueur du débat que celle de savoir s'il peut y avoir un vainqueur, car il semble qu'il n'y ait aucun moyen d'échapper au dilemme[1].

Du point de vue du crocodile, cela ne fait aucune différence que la mère dise la vérité ou se trompe. En effet, si elle dit vrai, le crocodile ne peut pas rapporter l'enfant sans rendre faux ce qu'elle a dit; si elle se trompe, il ne peut pas encore restituer l'enfant, car la mère n'a pas rempli la condition prévue au départ.

---

1. Un dilemme est, dans l'acception logique du terme, un raisonnement dont la majeure contient une alternative à deux ou plusieurs termes (différents ou contradictoires) menant à une même conclusion. (N.d.T.)

Du point de vue de la mère, cela ne fait non plus aucune différence qu'elle ait dit la vérité ou se soit trompée. Si elle a dit vrai, alors, selon l'hypothèse, le crocodile doit rendre le bébé; et c'est seulement une fois que son enfant lui aura été restitué qu'on pourra dire qu'elle se sera trompée. Donc, qu'elle dise ou non la vérité, l'enfant doit lui être rendu.

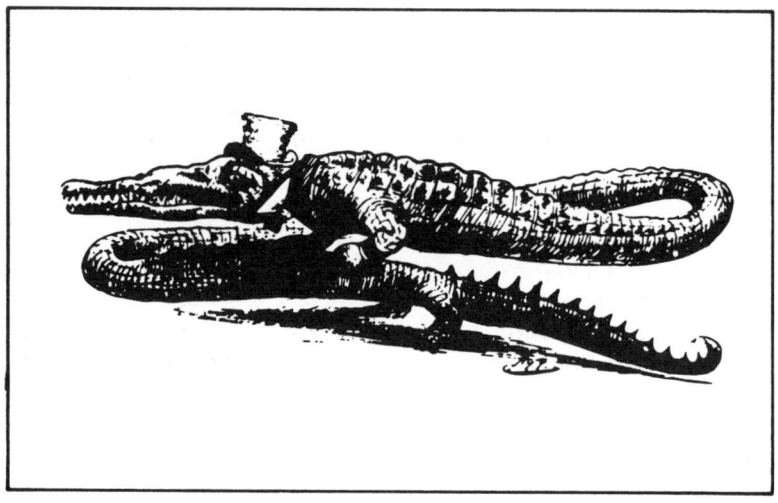

98. *Crocodile*, de Harry Furniss, illustration extraite de *Sylvie et Bruno* de Lewis Carroll

Pour bien saisir les incohérences logiques contenues dans les arguments des deux protagonistes, résumons-les en deux syllogismes :
1) *Syllogisme du crocodile* :
Si la mère prédit exactement ce que je vais faire, je lui rends le bébé.
Si je rends le bébé, la mère n'a pas prédit ce que j'allais faire.
Donc, je n'ai pas à lui rendre son enfant.
2) *Syllogisme de la mère* :
Si je prédis exactement ce que va faire le crocodile, il me rendra mon fils.
Si mon enfant ne m'est pas rendu, c'est-à-dire s'il est dévoré, j'aurai prédit exactement ce qu'allait faire le crocodile.
Donc, il doit me rendre le bébé.

Considérons les deux prémisses de l'argumentation du crocodile. Il rend le bébé si et seulement si la mère a prédit ce qu'il fera. Cependant, selon la seconde prémisse, s'il rend le bébé, elle se sera trompée. Mais comment cela est-il possible, puisque, en accord avec la première prémisse, le bébé est rendu si et seulement si la mère a dit vrai ? Le problème est que, en fait, c'est *impossible*, car, si nous supposons conservées tout au long du raisonnement les conventions de départ, celles-ci nous mènent à des conclusions contradictoires, toutes deux correctement déduites.

On peut analyser de même l'argumentation de la mère.

Lewis Carroll a proposé la solution pragmatique — pour le crocodile — suivante, dans la seconde partie de sa *Logique symbolique* : « Quoi que fasse le crocodile, il manque à sa parole. S'il dévore le bébé, il agit de sorte que la mère a dit vrai, et ainsi manque à sa parole; s'il le rend, il agit de sorte qu'elle s'est trompée et, là encore, manque à sa parole. Puisqu'il n'a ainsi aucun espoir de satisfaire à son sens de l'honneur, nous ne devons pas douter qu'il agira en accord avec la seconde passion qui règle sa vie, l'amour des enfants ! »

Carroll conseillait ensuite à ses lecteurs de considérer le problème en admettant que la réponse de la mère eût été : « Tu vas me rendre mon enfant ! » En ce cas, si le crocodile rend le bébé, alors il a tenu parole; s'il le dévore, alors la mère s'est trompée et le crocodile n'a pas, là non plus, rompu le contrat. Carroll ajoutait que, « quoi que fasse le crocodile, il respecte sa parole. En conséquence, son sens de l'honneur étant entièrement satisfait, quelle que soit sa décision, le critère qu'il suivra sera encore une fois sa seconde passion — et je crains bien que, pour l'enfant, le résultat ne soit le même qu'auparavant. »

Selon William Warren Bartley III, qui découvrit et édita la seconde partie, qu'on croyait perdue, de la *Logique symbolique*, Lewis Carroll a jeté de la poudre aux yeux de ses lecteurs en prétendant résoudre le problème, alors qu'il n'a fait qu'en présenter une autre analyse. Comme le note Bartley, « the proof of the spoof is in the putting[1] » — « c'est dans la manière de poser le problème que réside la supercherie ». Beaucoup de logiciens contemporains de Carroll pensaient que le dilemme du crocodile et les paradoxes apparentés étaient insolubles.

---

1. Cette expression est une parodie du proverbe : « The proof of the pudding is in the eating », dont le sens est : « Il faut manger le pudding pour savoir ce qu'il vaut. » (N.d.T.)

15. LE PARADOXE DE L'AVOCAT

On raconte que Protagoras accepta d'enseigner le droit à un étudiant pauvre du nom d'Euathlus à la condition qu'il lui payât ses honoraires dès qu'il aurait gagné son premier procès. Une fois achevé le cycle de ses études, Euathlus décida de se lancer dans la politique, au lieu de s'établir comme avocat. Protagoras, lassé d'attendre, demanda à son ancien élève de le payer. Euathlus refusa, faisant valoir que les termes du contrat stipulaient qu'il paierait son maître seulement *après* qu'il eut remporté sa première cause, ce qui n'avait pas encore eu lieu. Furieux, Protagoras assigna Euathlus devant les tribunaux.

Face aux juges, les deux parties plaidèrent leur affaire avec une logique impeccable. Protagoras affirma que, si son élève perdait son procès, il devrait se soumettre et rembourser sa dette; s'il le gagnait, il aurait remporté sa première cause et devrait là encore le payer, selon la convention passée entre eux. Dans les deux cas, Euathlus était dans l'obligation de payer son maître.

L'argumentation d'Euathlus fut tout aussi convaincante. S'il gagnait le procès, la Cour aurait tranché en sa faveur et il n'aurait donc rien à débourser; s'il le perdait, il n'aurait pas remporté sa première cause, et là encore ne devrait rien à Protagoras.

Lequel des deux raisonne correctement ? Et, à votre avis, quelle sentence va rendre le juge ?

C'est dans les *Académiques* de Cicéron que se trouve la plus ancienne référence à ce dilemme. Deux aspects principaux sont à considérer : d'abord, le double dilemme où deux argumentations parallèles mènent à des conclusions contradictoires; puis, le problème juridique de ce que va décider la Cour et de ce qu'exige la loi.

Le problème logique est ici encore une variante du paradoxe du menteur. Comme dans le cas du dilemme du crocodile, l'une des approches modernes de la question consiste à dire que, étant donné les circonstances, le contrat est impossible à respecter. Il est clair que les prémisses sont incohérentes, précisément parce que les arguments de Protagoras et d'Euathlus sont parfaitement raisonnés et conduisent de manière logique à des conclusions contradictoires. Mais, comme nous l'avons vu au chapitre 13, d'autres points de vue sont possibles : par exemple, en faisant appel à un métalangage ou à une logique à trois valeurs. Pourtant, même dans ce cas, les ambiguïtés sémantiques et juridiques du paradoxe le rendent difficile à traiter par la logique formelle. Ce sont d'ailleurs ces ambiguïtés mêmes qui rendent ce problème intellectuellement si intéressant.

Pour bien saisir quelles prémisses sont causes de la difficulté, il importe de distinguer entre les termes du contrat de départ et les affirmations des deux protagonistes lors du procès. Le contrat stipule qu'Euathlus doit payer Protagoras si et seulement si le disciple remporte sa première cause. Quant au droit, il dit simplement que si Protagoras gagne son procès Euathlus doit le payer. Ce qui nous donne :
1) *Syllogisme de Protagoras* :
Si je gagne le procès, Euathlus doit me payer.
Si je perds le procès, Euathlus a remporté sa première cause.
Si Euathlus a remporté sa première cause, il doit me payer.
Donc, Euathlus doit me payer.
2) *Syllogisme d'Euathlus* :
Si Protagoras perd le procès, je n'ai pas à le payer.
Si Protagoras gagne le procès, je n'ai pas remporté ma première cause.
Si je n'ai pas remporté ma première cause, je n'ai pas à payer Protagoras.
Donc, je n'ai pas à payer Protagoras.

Puisque Euathlus défend lui-même sa propre cause, le problème semble se trouver dans la troisième prémisse de Protagoras et dans la deuxième d'Euathlus : prises séparément dans le contexte où elles interviennent, elles sont raisonnables. Considérées ensemble, elles signifient purement et simplement qu'Euathlus doit de l'argent à Protagoras si et seulement si il obtient gain de cause, ce qui ramène aux termes du contrat de départ. Ainsi, si l'on accepte ces prémisses, on doit supposer que le contrat a été respecté, ce qui est précisément impossible. Admettre que le contrat est respecté signifie que les prémisses des deux syllogismes sont incohérentes, et, de prémisses incohérentes, on peut déduire n'importe quoi — vrai ou faux —, en toute validité[1].

---

1. Au sujet de cette importante loi logique, voir chap. 16.

Selon certains commentateurs, le problème réside dans l'expression ambiguë « la première cause que remporte Euathlus », qui signifierait en fait le premier procès que gagne Euathlus en défendant ou poursuivant quelqu'un d'autre que lui-même. L'argumentation de Protagoras prendrait alors un sens différent, car Euathlus, au moins au début, fait figure d'accusé. La seconde prémisse du philosophe ne pourrait entraîner ou garantir, de manière déductive, la validité de la conclusion. Cette critique n'a que peu de valeur, car nous pouvons modifier les termes du contrat de départ de façon qu'ils conduisent à la même contradiction que celle décrite plus haut.

En effet, pour les tenants de la solution du contrat impossible, Euathlus a raison de défendre sa propre cause car, ce faisant, il parvient au résultat le plus avantageux pour lui-même. Il est exact qu'il pourrait faire appel aux services d'un autre avocat et qu'il serait ainsi assuré de ne pas avoir à payer Protagoras : dans ce cas, en effet, il n'a jamais été avocat et n'a donc jamais remporté sa première cause; il n'a donc pas à rembourser sa dette, ni selon les termes du contrat, ni au regard de la loi.

Cependant, en se défendant lui-même, Euathlus, tout en rendant le problème bien plus intéressant, parvient à annuler le contrat tout entier en le rendant impossible à remplir. D'autre part, si Euathlus faisait appel à un autre avocat, il serait possible à Protagoras de se servir du contrat, qui conserverait toute sa valeur, comme argument de base d'un second procès, qu'il gagnerait à coup sûr. En défendant sa propre cause, Euathlus évite, selon toute apparence, des problèmes potentiels.

S'ils estiment possible d'appliquer la solution précédente au dilemme du crocodile, W. K. Goossens et Wolfgang Lenzen remarquent que cela ne peut se faire dans le cas présent, car il se trouve une ambiguïté supplémentaire dans le paradoxe de l'avocat, une difficulté relative à la décision de la Cour. En effet, une décision de justice ne concerne que le passé et, jusqu'à ce que la Cour tranche, Euathlus s'en tient aux termes du contrat de départ. En conséquence, les juges ne peuvent que débouter Protagoras de sa plainte.

Cependant, l'arrêt de justice fonctionne de deux manières : en tranchant l'affaire, il affecte également les termes du contrat : car Euathlus a gagné le procès et donc doit payer son maître. Mais il est à remarquer que cela se passe *après* le verdict; *avant*, Euathlus n'est pas tenu d'honorer sa dette. La prémisse stipulant qu'Euathlus doit payer Protagoras si et seulement si il remporte sa première cause possède une signification temporelle autant que logique. Il faut donc distinguer clairement entre ces deux significations, si nous voulons résoudre le problème de manière acceptable.

Les tenants de ce point de vue affirment que, une fois le verdict rendu, Protagoras peut réclamer ses honoraires sur la base du contrat de départ. Si Euathlus refuse, Protagoras peut le traduire encore une fois en justice avec la quasi-certitude de gagner son procès, puisque maintenant Euathlus a remporté sa première cause et rempli les termes du contrat. Si Euathlus accepte de payer, il est intéressant de remarquer qu'à aucun moment, ni avant ni après le procès, il n'a violé les clauses de départ.

Dans son analyse du paradoxe, Goosens propose la pertinente analogie suivante : « Supposez que X intente un procès à Y pour une somme Z, sur la base d'un contrat passé antérieurement, et que l'accusation soit repoussée. S'ensuit-il que, légalement, Y ne doive pas Z à X ? Pas du tout ! Admettez que X parie — en un second contrat écrit et légal — la somme Z avec Y que l'accusation sera repoussée. C'est ce qui se produit : Y doit donc Z à X. La Cour a décidé que Y ne doit rien à X mais, en conséquence de cette décision, Y doit Z à X. Il n'y a là aucune contradiction.

« Il y a deux manières de considérer le jugement : comme le contenu de la décision de justice et comme un événement dans le monde. Le contenu du verdict ne tient compte en aucune façon des conséquences de ce même verdict en tant qu'événement. Le contenu de la décision se fonde sur l'état du monde avant la décision elle-même. Si vous préférez, la décision ici se fonde sur un contrat antérieur. Le pari lui-même — un autre contrat — n'affecte en rien le verdict, même si la Cour n'en ignore pas l'existence. En aucune manière, la décision n'annule le pari. X pourrait intenter un autre procès à Y si Y refusait de payer son enjeu.

« L'affaire de Protagoras et d'Euathlus n'est qu'un cas particulier de la situation ci-dessus, avec la difficulté supplémentaire que les deux contrats ne font qu'un ! Il arrive ainsi que le verdict en tant qu'événement dans le monde s'applique aux clauses du contrat. Néanmoins, cette conséquence n'affecte en rien le verdict lui-même. »

Goosens poursuit en disant que, en accord avec cette solution, si Euathlus se défend lui-même et perd le procès, Protagoras le gagne et se fait rembourser, alors que, si Euathlus prend un autre

155

avocat, il continue à ne rien devoir jusqu'à ce qu'il remporte sa première cause. Naturellement, la décision de la Cour est en réalité sans appel, si nous admettons que le verdict est définitif, et, en pratique, les juges pourraient laisser de côté un ou plusieurs des aspects du contrat en arguant qu'ils rentrent en conflit avec d'autres facteurs légalement pertinents. Ainsi, la Cour pourrait trancher en faveur de Protagoras en invoquant que les termes du contrat impliquent nettement l'intention de la part d'Euathlus d'exercer la profession d'avocat et que, en ne le faisant pas, il a violé son engagement. Elle pourrait également donner gain de cause à Euathlus pour absence de pièces justificatives. En tout état de cause, les protestations de la partie déboutée ne pèseraient pas lourd face au pouvoir discrétionnaire de la Cour.

16. LE PARADOXE DU BOUTIQUIER

Pierre tient un magasin avec deux employés, Quentin et Ralph. Pierre veut qu'il y ait toujours quelqu'un dans la boutique et a établi, en conséquence, que les trois hommes ne peuvent être dehors en même temps. De plus, convalescent, il exige que, quand il quitte le magasin, Quentin l'accompagne.

Si Ralph est à l'intérieur, aucun problème ne se pose. Supposez maintenant que Ralph sorte : selon la première règle, si Pierre décide également de sortir, Quentin doit rester. Mais cela contredit la seconde règle de Pierre, qui stipule que, si Pierre sort, Quentin l'accompagne. Ainsi, la première supposition (Ralph sort) entraîne une conclusion fausse. Donc, la supposition elle-même est fausse, c'est-à-dire que Ralph ne peut quitter la boutique. Mais cette conclusion est absurde, car il est évident que, quand Pierre et Quentin sont dans le magasin ou même quand Pierre y est seul, Ralph peut se trouver dehors sans violer aucune des règles de Pierre. Est-il logiquement possible à Ralph de sortir sans contrevenir à aucune de ces règles ?

C'est Lewis Carroll qui présenta une version élaborée de ce paradoxe en juillet 1894, dans le journal anglais *Mind*. Il imagine que oncle Joe et oncle Jim, se rendant chez leur barbier, discutent chemin faisant : en se fondant sur les règles de Pierre, Joe soutient que Ralph — Carr dans le texte original — ne peut quitter la boutique et Jim prétend le contraire. La réponse au problème, que Carroll prévoyait de donner dans le second volume de sa *Logique symbolique*, fut une source de conflit entre les deux premiers logiciens qui en discutèrent, Carroll et John Cook Wilson, professeur à Oxford. La dispute et la solution tournent en fait autour du problème de ce qu'on appelle l'« implication matérielle », opération logique souvent utilisée pour représenter les expressions du type « si... alors... ».

En logique formelle, des énoncés tels que « Si Pierre est dehors, alors Quentin est dehors » ou « Si Ralph est dehors, alors, si Pierre est dehors, Quentin est à l'intérieur » sont appelés

« conditionnels » et sont symbolisés la plupart du temps par $p \supset q$, où p, représentant la proposition subordonnée ouverte par « si », est appelé l'« antécédent » et q, représentant la principale, ouverte par « alors », le « conséquent ». Dans le langage ordinaire, les énoncés conditionnels du type de « S'il pleut, je reste à la maison » ou de ceux du paradoxe de Carroll impliquent, d'une certaine manière, un rapport de cause à effet. Cependant, le signe en fer à cheval $\supset$, utilisé pour symboliser l'implication matérielle en logique formelle ne signifie *aucune* causalité. L'implication matérielle affirme seulement que toute proposition de la forme $p \supset q$ est vraie si l'antécédent est faux — quelle que soit la valeur de vérité du conséquent — et si le conséquent est vrai — quelle que soit la valeur de vérité de l'antécédent. Ainsi, prenons la proposition conditionnelle « Si Pierre est dehors, alors Quentin est dehors » : si l'antécédent est vrai — Pierre est dehors — et le conséquent faux — Quentin est à l'intérieur —, la proposition conditionnelle est fausse. Mais c'est le seul cas dans lequel elle le soit. Si l'antécédent est faux et le conséquent faux, ou l'antécédent faux et le conséquent vrai, la valeur de vérité de la conditionnelle est encore vraie[1].

p	q	$p \supset q$
V	V	V
F	V	V
V	F	F
F	F	V

Cette interprétation des conditionnelles était celle qui prévalait au temps de Carroll et presque tous les systèmes de logique de cette époque — et de la nôtre — acceptent cette définition de l'implication matérielle. Mais ce point de vue donne lieu à ce qu'on a appelé les « paradoxes de l'implication matérielle ». Par exemple, les propositions « Si Ronald Reagan a obtenu l'Oscar du Meilleur Acteur (F), alors la lune est faite de fromage vert (F) » ou « Si Einstein a dit $E = mc^8$ (F), alors Ronald Reagan est le quarantième président des Etats-Unis (V) » seront considérées

---

1. On peut montrer cela en construisant ce que les logiciens appellent une « table de vérité », tableau formel présentant toutes les valeurs de vérité possibles pour chaque variable propositionnelle (p, q, etc.) et pour les propositions complexes qu'elles forment en se combinant. Comme on peut le voir ci-dessous, la proposition complexe $p \supset q$ est fausse seulement quand l'antécédent est vrai et le conséquent faux. (N.d.A.)

comme des propositions complexes vraies. La logique est simple : tout énoncé de la forme $p \supset q$ est faux si et seulement si l'énoncé substitué à p est vrai et celui substitué à q est faux.

Si, avec Bertrand Russell, Lewis Carroll et d'autres logiciens, nous acceptons cette définition de l'implication matérielle, Ralph peut alors quitter la boutique sans contrevenir à aucune des règles de Pierre. Russell, qui a beaucoup médité le paradoxe de Carroll, en a cependant parlé succinctement dans *Les principes des mathématiques*. En le paraphrasant, nous dirons que la seule inférence garantie par les prémisses de Lewis Carroll est que, s'il est vrai que Ralph est dehors, il est nécessairement faux que Pierre soit dehors, en d'autres termes, le fait que Ralph soit dehors implique que Pierre soit à l'intérieur. C'est d'ailleurs la conclusion à laquelle nous conduit le sens commun.

Ce point de vue comporte d'autres éléments qui vont contre l'intuition. Ainsi, il est possible de démontrer le théorème « p implique q ou q implique p », en utilisant le symbole conditionnel matériel. Le logicien américain C.I. Lewis a remarqué que ce théorème pouvait être interprété en disant que, si vous prenez deux phrases, n'importe lesquelles, d'un journal, vous pouvez inférer de façon valide que la première implique la seconde ou que la seconde implique la première.

Il y eut un point final, quelque peu paradoxal, à la discussion entre Lewis Carroll et Cook Wilson. Entre la fin de 1892 et 1894, Carroll a écrit plusieurs autres versions du problème, dont chacune réincorporait les arguments de l'un et l'autre logicien. Mais aucun n'a fait savoir publiquement quel point de vue était le sien : seul oncle Joe soutenait que Ralph ne pouvait quitter la boutique et oncle Jim le contraire. A partir de 1905, année où Cook Wilson publia un article sur le paradoxe dans *Mind*, tous les commentateurs pensèrent que Joe exprimait les vues de Carroll et Jim celles de Wilson. Un spécialiste contemporain de Lewis Carroll, William Warren Bartley III, n'est pas d'accord : « Durant la controverse elle-même, les deux parties semblent s'être tenues sur leurs positions; dans les mois qui ont suivi, cependant, les *deux* logiciens paraissent avoir partagé la même opinion — bien que nous soyons en peine de savoir lequel a converti l'autre à ses propres vues. Cook Wilson s'est peu à peu initié à l'implication matérielle et en est même venu à l'admettre, comme le prouve son article de 1905 dans *Mind*. D'autre part, Lewis Carroll avait commencé à s'interroger sur l'adéquation de l'implication matérielle aux énoncés [conditionnels] exprimés. »

IV

PARADOXES SCIENTIFIQUES

17. LE PARADOXE DES CORBEAUX

Faisant visiter à un groupe de bienfaiteurs le centre ornithologique qu'ils ont financé, un zoologue réputé leur déclare : « Et voici deux des plus beaux spécimens de corbeaux que j'aie jamais vus. Remarquez surtout l'éclatant plumage noir caractéristique de cette espèce. » Il poursuit son commentaire sur leur façon de s'alimenter et de construire leurs nids, sans taire leur réputation d'oiseaux de mauvais augure. Ce discours terminé, un jeune homme intervient :

— Excusez-moi, monsieur, mais vous avez bien dit que tous les corbeaux sont noirs ?

— Je n'ai peut-être pas dit exactement cela, mais c'est vrai. Tous les corbeaux sont noirs.

— Comment en êtes-vous sûr ?

— Ecoutez : j'ai vu dans ma vie quelques centaines de corbeaux et ils étaient tous noirs.

— « Quelques centaines » ne veut pas dire « tous ». Combien se trouve-t-il de corbeaux de par le monde ?

— Plusieurs millions, je pense. Pour répondre à votre question, je dirai que beaucoup d'autres savants, ainsi que de profanes, ont observé des corbeaux depuis des millénaires et ils étaient tous noirs. En fait, je ne connais aucun exemple où quelqu'un ait parlé d'un corbeau qui n'était pas noir.

— C'est exact, mais il s'agit d'un très grand nombre de corbeaux, non de tous.

— J'en conviens. Il existe pourtant une autre preuve. Ainsi, prenez tous ces oiseaux multicolores que vous avez vus aujourd'hui : ces perroquets, ces toucans, ces paons...

— Ils sont splendides, mais qu'ont-ils à voir avec notre discussion ?

— Vous ne comprenez pas ?

— Non. Eclairez ma lanterne, je vous prie.

— Avec plaisir. Vous admettrez avec moi que, à chaque fois que l'on observe un corbeau noir, cette expérience confirme la proposition générale : « Tous les corbeaux sont noirs. »

— Bien sûr !

— Vous admettrez également que la proposition « Tous les corbeaux sont noirs » est logiquement équivalente à celle-ci : « Tout ce qui n'est pas noir n'est pas corbeau. » Cela étant posé et, parce que tout ce qui confirme une proposition confirme aussi toute proposition logiquement équivalente, il est clair que toute chose qui n'est ni noire ni corbeau confirme la proposition générale : « Tous les corbeaux sont noirs. » Et donc, tous ces oiseaux magnifiques, n'étant ni noirs ni des corbeaux, confirment le fait que tous les corbeaux sont noirs.

— C'est ridicule ! Dans ce cas, vous pourriez aussi bien dire que votre veste bleue et votre pantalon gris confirment également la proposition : « Tous les corbeaux sont noirs. » Ce sont aussi des choses qui ne sont ni noires ni des corbeaux !

— Jeune homme, je suis heureux de constater que vous commencez à raisonner comme un vrai savant.

En fait, qui raisonne correctement : l'ornithologue ou le jeune visiteur ?

Le paradoxe des corbeaux a fait l'objet de nombreux débats parmi les philosophes des sciences depuis le milieu des années quarante, époque où Carl Hempel l'exposa dans un article intitulé « Etudes sur la logique de la confirmation ». Dit encore « paradoxe de la confirmation », le paradoxe des corbeaux est un problème de la logique inductive et ne vient donc pas d'une contradiction logique qui serait tirée en toute validité d'un ensemble de prémisses vraies. Il est dû aux conséquences logiques qu'entraînent deux principes de la logique inductive — le principe de confirmation et le principe d'équivalence —, conséquences qui choquent notre intuition.

Le dialogue ci-dessus nous a déjà donné une idée de ce qu'est le principe de confirmation. Toute la logique de l'induction repose en partie sur la notion de confirmation : en d'autres termes, chaque proposition générale, comme « Tous les corbeaux sont noirs », se trouve confirmée par l'observation de *cas particuliers*. Ce qui veut dire qu'à chaque fois que nous voyons un corbeau noir la proposition générale est vérifiée. Le principe de confirmation affirme que, plus est grand le nombre de cas observés, meilleure est la vérification ou plus élevé le degré de confirmation. Il n'existe pas de certitude absolue en logique inductive : on peut seulement dire qu'un grand nombre d'expériences nous permettent de soutenir à bon droit la proposition générale. A l'inverse, *une seule* observation d'un corbeau non noir suffirait à infirmer l'*universalité* de la proposition, nous laissant juste le droit de dire que « quelques-uns » — ou « la plupart » — des corbeaux sont noirs.

C'est ce passage de « tous » à « la plupart » ou « quelques-uns » qui a pris une grande importance aux yeux des philosophes et des savants. Les propositions universelles du type « Tous les P sont des Q » fournissent l'essentiel des systèmes mathématiques et scientifiques les plus importants. De deux choses l'une : ou *toutes* les planètes tournent autour du Soleil, ou nous devons abandonner l'une des lois fondamentales de l'astronomie et, en conséquence, une grande partie de la physique.

Mais, dans le paradoxe des corbeaux, intervient aussi le principe d'équivalence. Deux énoncés sont dits logiquement équivalents si et seulement si, quand l'un est vrai, l'autre est vrai ou, quand l'un est faux, l'autre est faux : en d'autres termes, deux propositions sont logiquement équivalentes quand elles possèdent la même valeur de vérité. Certains philosophes soutiennent que la raison en est que deux propositions équivalentes — comme « Ou bien nous allons au cinéma, ou bien le film est mauvais » et « Si nous allons au cinéma, le film sera bon » — disent en fait la même chose. Mais d'autres rejettent ce point de vue et affirment que des propositions équivalentes ont simplement la même valeur de vérité. Sans tenir compte de la position des uns et des autres, nous pouvons remarquer que le principe d'équivalence intervient dans le paradoxe des corbeaux. Si deux propositions logiquement équivalentes ont la même valeur de vérité, il est clair que tout cas particulier vérifiant l'une vérifiera aussi l'autre. De même, tout cas particulier infirmant l'une — ainsi, un corbeau bleu ou blanc — nous obligera à rejeter les deux propositions.

Bien que les principes de confirmation et d'équivalence soient tous deux parfaitement légitimes, c'est leur conjonction dans le problème qui nous occupe qui produit le paradoxe. Bien sûr, le problème des savants et des philosophes est de résoudre le paradoxe sans rejeter aucun des deux principes — du moins, en leur causant le minimum de dommage. Ce fut trop demander à certains, qui ont proposé d'abandonner l'un ou l'autre principe.

Ainsi, dans *Fait, fiction et prévision*, publié en 1955, Nelson Goodman propose d'apporter certaines restrictions au principe d'équivalence. Il soutient que la condition nécessaire de la confirmation — à savoir, toute observation ou cas particulier vérifiant une proposition générale du type de « Tous les *P* sont des *Q* » — ne peut en même temps confirmer la proposition « Aucun *P* n'est *Q* ». Cela nous autorise à admettre l'observation d'un corbeau noir comme un cas particulier vérifiant la proposition « Tous les corbeaux sont noirs », mais non l'observation d'un mouchoir blanc ou d'un stylo noir, car, dans la mesure où il ne s'agit pas de corbeaux noirs, ils confirment tout aussi bien la proposition « Aucun corbeau n'est noir[1]. »

En opposition à Goodman, beaucoup de philosophes ont « résolu » le paradoxe en soutenant qu'il prend sa source non dans une manière fautive de raisonner, mais dans notre intuition qui se trompe en nous faisant croire qu'il y a là quelque chose d'illogique. Ils prétendent que, si nous examinons le problème de près, le paradoxe disparaît et pensent donc que la proposition universelle « Tous les corbeaux sont noirs » est confirmée tout aussi bien par l'observation de blanches colombes, de costumes gris, d'arcs-en-ciel, etc.

Hempel, par exemple, affirme que l'effet paradoxal est dû en partie à l'illusion que nous nous faisons sur la portée de telles propositions universelles. Le langage ordinaire concentre notre attention sur les objets grammaticaux (corbeaux, noirs, etc.) de ces propositions et, de là, nous leur attribuons une portée limitée. En fait, d'un point de vue strictement logique, ces objets ont une portée illimitée, c'est-à-dire qu'ils peuvent concerner *n'importe quelle chose*. Ceci devient évident quand nous nous apercevons que ces propositions universelles se contentent en fait de refuser de conjoindre certaines caractéristiques, propriétés ou prédicats. Ainsi, la proposition « Tous les corbeaux sont noirs »

---

1. Un philosophe britannique, A.J. Ayer, développe ce point de vue dans son ouvrage de 1972, *Probabilité et preuve* : « ... Le mouchoir blanc confirmerait encore la proposition générale que "tout ce qui n'est pas noir n'est pas corbeau", mais le corbeau noir et le stylo noir ne le feraient pas, puisque ces objets satisfont tout aussi bien la proposition : "aucune chose non noire n'est pas un corbeau." Tous trois confirmeraient la troisième de nos propositions générales équivalentes — "Toute chose est noire ou n'est pas un corbeau" —, puisqu'ils contredisent tous l'hypothèse selon laquelle "aucune chose n'est noire ou n'est pas un corbeau", mais ce n'est pas paradoxal. Nous sommes invités ici à prendre en considération le fait logique que, alors que les propositions "Tous les corbeaux sont noirs", "Tout ce qui n'est pas noir n'est pas corbeau" et "Toute chose est noire ou n'est pas un corbeau" sont logiquement équivalentes, leurs contraires respectifs à l'intérieur du carré aristotélicien des propositions — "Aucun corbeau n'est noir", "Aucune chose non noire n'est pas un corbeau" et "Aucune chose n'est noire ou n'est pas un corbeau" — sont très loin d'être équivalents. » (N.d.A.)

nous interdit d'affirmer que quelque chose soit à la fois un corbeau et non noir. Il n'est donc pas paradoxal de soutenir que chaque objet identifiable — comme ceux nommés plus haut, ou des chemises jaunes, des souliers marron, etc. — puisse être un cas particulier confirmant ou infirmant la proposition générale.

Hempel ajoute que notre répugnance à admettre qu'il y a des objets qui ne sont pas des corbeaux, vérifiant la proposition « Tous les corbeaux sont noirs », est surtout due au fait que nous interprétons ces propositions d'après nos connaissances antérieurement acquises. Par exemple, nous estimerions absurde d'approcher un glaçon d'une flamme dans le dessein de vérifier la proposition « Tout sel de sodium devient jaune en brûlant », pour la seule raison que nous savons déjà que la glace n'est pas un sel de sodium et n'en contient probablement pas. Nous ne trouverions rien d'étrange à cette procédure, si nous ignorions ce que nous approchons de la flamme. L'absence de coloration jaune, prouvant ainsi qu'il ne s'agirait pas de sel de sodium, nous apparaîtrait alors comme une confirmation négative de la proposition générale. C'est notre intuition qui nous dit que l'existence de blanches colombes, de costumes gris, d'arcs-en-ciel, etc., n'a rien à voir avec notre proposition sur la couleur des corbeaux; et, selon Hempel, c'est une logique irréfutable qui nous prouve que notre intuition se trompe.

Mal à l'aise avec de telles attaques contre l'intuition, certains ont cherché à résoudre le paradoxe en affirmant que les cas d'objets n'étant ni noirs ni des corbeaux font appel à un autre type de vérification que les observations de corbeaux noirs. Ce type de raisonnement part de l'idée que l'ensemble des corbeaux est beaucoup plus petit que l'ensemble des choses qui ne sont pas des corbeaux, ou l'ensemble des choses non noires. En théorie, il y a trois manières d'obtenir le maximum de degré de confirmation pour la proposition « Tous les corbeaux sont noirs » : on peut observer tous les corbeaux et constater qu'ils sont tous noirs; on peut observer chaque chose et constater qu'il n'existe pas de corbeau non noir; on peut enfin observer toutes les choses non noires et constater qu'aucune n'est un corbeau. De toute évidence, il est plus raisonnable d'observer les corbeaux, en nombre de loin inférieur à celui des choses non noires ou à celui de toutes les choses. Il est alors possible de dire que l'observation d'un corbeau noir fournit une meilleure vérification de la proposition générale que l'observation d'un objet qui n'est ni noir ni un corbeau. Il en est ainsi parce qu'une seule observation d'un corbeau noir constitue, en proportion, une partie plus grande de l'ensemble des corbeaux qu'une blanche colombe de l'ensemble des choses n'étant ni noires ni des corbeaux. Comme l'écrit Ayer, « si le monde contenait un très grand nombre de corbeaux et très peu de choses non noires, le procédé le plus simple et le plus efficace serait de prendre en compte les choses non noires et de regarder si certaines d'entre elles sont des corbeaux ».

18. LE PARADOXE DU « VLEU-BERT »

Admettons que le terme *vleu* s'applique à un objet qui, observé avant un certain instant *t*, est vert et, observé ensuite, est bleu. De même, un objet, bleu avant un instant *t* et vert ensuite, sera dit *bert*. Convenons de fixer cet instant *t* à 0 h, le 1er janvier de l'an 2001. Donc, si nous achetons un objet de couleur verte en 1984, mais qui deviendra bleu au tout début du troisième millénaire, cet objet sera dit *vleu*. De la même façon, si un objet est bleu en 1984 et devient vert à la date ci-dessus, cet objet sera dit *bert*.

Que dirons-nous alors d'une émeraude achetée en 1984 ? Il paraît légitime de dire que la présence de cette pierre est un cas particulier vérifiant la proposition générale : « Toutes les émeraudes sont vertes. » Cependant, tenons compte du fait que nous constatons la couleur de l'émeraude avant l'an 2001. Cela signifie qu'observer cette couleur vérifie également la proposition générale : « Toutes les émeraudes sont *vleues* »; en effet, si un objet quelconque est *vleu*, il doit être vert à tout moment avant l'heure de minuit du 31 décembre de l'an 2000. Ainsi, en considérant que toutes les émeraudes observées sont vertes et que toutes ces observations ont lieu avant l'instant *t*, on doit tenir les deux propositions générales comme également vérifiées.

Donc, si nous achetons une émeraude en 1984, à quoi devons-nous logiquement nous attendre en 2001 ? Le sens commun nous dit qu'il faut nous attendre à une émeraude verte, mais les logiciens peuvent toujours demander pourquoi les émeraudes observées après l'instant *t* seraient vertes plutôt que bleues ? Ou, comme disent les philosophes, pourquoi le prédicat « vert » serait-il plus extrapolable dans le futur — il aurait plus de chances d'être le même dans l'avenir que maintenant — que le prédicat « *vleu* » ?

C'est Nelson Goodman qui a le premier exposé ce paradoxe dans un article de 1946 paru dans *The Journal of Philosophy* et repris ensuite dans son ouvrage *Fait, fiction et prévision* (1955).

Ce paradoxe est né d'une méditation sur le paradoxe du corbeau, formulé par Carl Hempel. Tous deux sont des problèmes de logique inductive et étudient plus précisément les énoncés par lesquels nous formulons et soutenons nos hypothèses et nos propositions générales dans les sciences.

Une déduction est un raisonnement dont on peut dire que la conclusion dérive rigoureusement des prémisses : si les prémisses sont vraies, la conclusion est donc nécessairement vraie. Ce n'est pas le cas de l'induction, particulièrement dans le cas de propositions générales du type « Toutes les émeraudes sont vertes ». Ici, le plus que nous puissions dire est qu'il existe de très nombreux cas particuliers vérifiant la proposition. Le résultat, qui choque l'intuition, du paradoxe du « *vleu-bert* » est qu'un exemple particulier — « Cette émeraude est verte » — paraît vérifier une proposition générale absurde — « Toutes les émeraudes sont *vleues* » — d'une manière parfaitement logique.

Goodman lui-même a laissé entendre que la question concerne l'extrapolation, possible ou non, de prédicats du type de ceux utilisés dans les raisonnements inductifs. Il distingue sa façon de poser le problème de l'induction de celle de David Hume. La question que posait Hume était : comment justifions-nous les inférences inductives que nous faisons ? Par exemple, comment pouvons-nous justifier la prédiction que toutes les émeraudes que nous observerons dans l'avenir seront vertes, sur la seule base des observations, faites par le passé, d'un nombre limité d'émeraudes ? Hume répondait que nous justifions nos inductions par « la coutume et l'habitude ». Goodman affine le problème : de quelle manière distinguons-nous certains prédicats qui nous apparaissent extrapolables (comme « vert ») d'autres qui ne nous apparaissent pas tels (comme « *vleu* ») ? Goodman tente de répondre à la question en disant que les premiers sont plus fermement établis dans nos esprits que les seconds par « la coutume et l'habitude », et donc que nous les acceptons plus facilement.

La plus grande partie du débat autour du paradoxe de Goodman portait sur la question de savoir si les termes « *vleu* » et « *bert* » étaient assignables, c'est-à-dire s'il était légitime de les appliquer à une situation quelconque. En effet, par définition, ils changent de caractéristique à un moment arbitrairement défini du temps. Cependant, comme le fait remarquer Goodman, cela dépend des prédicats qui nous sont les plus familiers. Ainsi, quand nous imaginons des choses de couleur « verte » ou

« bleue », nous extrapolons ces termes dans l'imaginaire, parce que nous sommes habitués à penser de cette façon. Mais une personne qui parlerait une langue différente, dans laquelle « *vleu* » et « *bert* » seraient extrapolables par coutume et habitude, se demanderait, au contraire, si ce sont « vert » et « bleu » qui peuvent être assignés.

De façon semblable, on a essayé de résoudre le paradoxe en disant que les prédicats du type « vert » sont extrapolables parce que le temps n'intervient pas dans leur définition, tandis que ceux du type « *vleu* » font intervenir le temps et sont, pour cette raison, non extrapolables. Voyons, par exemple, l'expérience proposée par Yael Cohen de l'université hébraïque de Jérusalem :

« Un anthropologue, dont le vert est la langue maternelle, étudie une tribu qui parle le *vleu*. Il n'a pas de mal à acquérir le vocabulaire courant de la tribu. Cependant, quand il découvre que tout ce qu'il appelle "vert", les indigènes l'appellent *"vleu"*, il se souvient alors avoir entendu un philosophe de ses amis lui raconter une étrange histoire au sujet de ce même prédicat et de l'an 2000. Il demande donc aux indigènes s'ils pensent que les émeraudes de leur trésor seront *vleues* après l'an 2000. Leur réponse est oui. Dans ce cas, notre anthropologue n'a aucune raison de soupçonner que *"vleu"* ait un sens différent de *"vert"*. Cependant, un jour de beau temps, alors que la tribu est assise dans une clairière autour de son trésor, le prudent anthropologue leur demande de faire l'expérience intellectuelle suivante : "Imaginez qu'aujourd'hui chacun de vous soit plongé dans un profond sommeil et ne soit réveillé que longtemps après l'an 2000. Naturellement, au réveil, la première chose que vous ferez sera de vérifier votre trésor. Supposez encore que vos sensations soient alors exactement les mêmes que maintenant. Les émeraudes que vous observerez seront-elles *vleues* ?" Seuls les plus intelligents parviennent à saisir la question et répondent sans hésiter : "Sûrement pas ! Les émeraudes seront *bertes.*" (A cause de la définition des termes *"vleu"* et *"bert"*, les indigènes ne peuvent que répondre ainsi.) C'est alors que l'anthropologue commence à comprendre que le terme *"vleu"* a, dans la langue tribale, un rôle différent du terme "vert" dans la sienne. Il s'aperçoit également que l'hypothèse "Toutes les émeraudes sont vertes" est incompatible avec l'hypothèse "Toutes les émeraudes sont *vleues*". De plus, il découvre avec surprise que l'expérience mentale qu'il a faite avec la tribu lui fournit un critère pour préférer l'hypothèse "Toutes les émeraudes sont vertes". Si on demande à quelqu'un — qui examine une émeraude verte *(vleue)* — d'imaginer qu'il a dormi pendant une période *indéterminée* et qu'à son réveil ses sensations sont exactement les mêmes que maintenant, il répondra sans hésiter (quelle que soit sa langue maternelle) que l'émeraude est verte. Mais, s'il n'a aucune information sur le temps écoulé, il ne peut décider si l'émeraude est *vleue* ou non. Ainsi, cette "expérience" a montré que le prédicat *"vleu"* est dépendant du temps, ce que n'est pas le terme "vert". »

Comme le souligne Cohen, s'il n'y a, dans le principe, aucun moyen d'établir aujourd'hui une différence de signification entre « vert » et « *vleu* », alors il n'existe pas non plus de moyen d'établir cette différence après l'instant *t*. Or, la définition du terme « *vleu* » ne rend celui-ci différent de « vert » que si elle nous permet de constater une différence de signification entre les deux mots, et pas seulement dans la matérialité des signes — lettres ou sons — utilisés pour les distinguer en écrivant ou en parlant. Selon Cohen, établir cette distinction par rapport au temps suffit à résoudre le paradoxe.

Mais beaucoup de philosophes rejettent cette solution. Ainsi, selon A.J. Ayer, le paradoxe de Goodman conjoint deux propositions contraires — « Quelques X sont des Y » et « Quelques X ne sont pas des Y » — cachées sous une proposition universelle. De plus, Ayer prétend que le paradoxe de Goodman peut être reformulé sans référence à un instant *t* défini. Dans ce but, il invente le terme « *verleu* », qu'il dit s'appliquer à n'importe quel élément d'un groupe d'objets tous verts, sauf un qui est bleu. Dans un tel contexte, le fait d'observer une émeraude de couleur verte vérifie à chaque fois la proposition générale : « Toutes les émeraudes sont vertes » et, aussi longtemps qu'il reste encore des émeraudes à observer, vérifie aussi la proposition générale : « Toutes les émeraudes sont *verleues*. » Quoique ces deux hypothèses soient de toute évidence, incompatibles, Ayer affirme que, quelle que soit l'habitude que nous avons de tel ou tel prédicat, la même preuve peut confirmer les deux propositions.

D'autres philosophes, qui se sont penchés sur ce paradoxe, ont supposé qu'il existe en nous, de manière innée, des structures de généralisation grâce auxquelles nous établissons quels prédicats sont extrapolables et lesquels ne le sont pas. Ainsi, Nathan Stemmer soutient que les recherches du béhaviourisme ont montré que les membres d'une même espèce possèdent un type spécifique de comportement instinctif à l'intérieur duquel ils procèdent à des généralisations, projetant dans le futur ce qu'ils ont observé antérieurement.

Stemmer ajoute que l'évolution et le processus de sélection naturelle font en sorte que le comportement contribue à la survie de l'espèce : ainsi, l'instinct de généralisation est bénéfique, sinon il aurait disparu. Donc, pour ceux qui soutiennent la théorie innée des prédicats extrapolables, c'est l'évolution qui nous fournit « la coutume et l'habitude » dont nous avons besoin pour justifier certaines inférences inductives et en rejeter d'autres.

Certains, dont Goodman, ont objecté à cela qu'on ne peut invoquer l'évolution pour expliquer que nous préférons extrapoler les prédicats « vert » et « bleu » plutôt que « *vleu* » et « *bert* » parce que l'ensemble des objets *vleus* avant l'instant *t* peut avoir joué le même rôle dans le cours de l'évolution que l'ensemble des objets verts.

Lin Chao-Tien a proposé une autre approche du paradoxe, en arguant qu'il était possible d'éviter les contradictions qui en résultent en utilisant une logique à trois valeurs (trivalente) : le vrai (confirmation de la proposition générale), le faux (infirmation de la proposition générale) et le neutre (ni confirmation ni infirmation). Un tel système ne peut engendrer le paradoxe de Goodman.

Il y a eu de nombreux autres essais pour résoudre le paradoxe du « *vleu-bert* », mais aucun n'a réussi à fournir une explication satisfaisante de la raison pour laquelle nous trouvons le prédicat « vert » plus extrapolable que « *vleu* ». Si la quantité de littérature qu'il engendre est un réel indice de l'importance d'un paradoxe, alors on peut dire que celui du « *vleu-bert* » est l'un des problèmes les plus importants de la philosophie des sciences.

19. LES PARADOXES TEMPORELS DE LA RELATIVITÉ

Dans le film de Steven Spielberg, *Rencontres du troisième type*, les extra-terrestres, peu après avoir atterri sur la tour du Diable, délivrent des pilotes de l'US Air Force, qu'ils retenaient prisonniers depuis à peu près quarante ans. Les pilotes portent encore leurs uniformes. Un technicien au sol déclare alors : « Ils n'ont pas vieilli. Einstein avait raison. » Il faisait allusion au plus célèbre paradoxe de la physique contemporaine, celui des jumeaux, conséquence de la théorie de la relativité restreinte.

Imaginez que, sur Terre, deux jumeaux, Pierre et Paul, synchronisent leurs montres à 8 h du matin, le 1er janvier de l'an 2000. Pierre s'embarque à bord d'un vaisseau spatial pour un long voyage, mené à très grande vitesse, à travers le système solaire. Pendant ce temps, Paul reste à la maison. Au retour de Pierre, leurs montres indiquent des heures différentes. Laquelle des deux est en avance sur l'autre ?

Selon la théorie de la relativité restreinte, la montre de Pierre, tout comme celles des pilotes du film de Spielberg, accuse un retard. La différence de temps peut aller de quelques heures à quelques millions d'années, tout dépend de la vitesse à laquelle voyage le vaisseau, et de la distance parcourue. Plus la vitesse se rapproche de celle de la lumière, plus est grand l'écart entre les horaires. Ce phénomène paradoxal, appelé « dilatation du temps », a lieu parce que, à mesure qu'augmente la vitesse d'un objet ou d'une personne, le temps « ralentit ». En fait, si Pierre voyageait à la vitesse de la lumière, aucune durée ne s'écoulerait pour lui, et Paul serait mort et enterré depuis longtemps, au retour de son frère.

Pour nous aider à mieux comprendre le paradoxe des jumeaux, examinons quelques-uns des problèmes qu'Einstein considéra quand il formula sa théorie de la relativité restreinte.

Supposons que les jumeaux se trouvent sur Terre. Pierre prend sa voiture et roule à la vitesse uniforme de 90 km/h. Paul le suit à la vitesse de 80 km/h. La physique newtonienne nous apprend que la voiture de Pierre s'éloigne de celle de Paul à une vitesse de 10 km/h, ce qui constitue la différence entre les deux vitesses. Inversement, si les deux véhicules roulent l'un vers l'autre, chacun circulant à la même vitesse de 90 km/h, la vitesse de chaque automobile relativement à l'autre est la somme des deux vitesses, soit 180 km/h.

Le sens commun nous porte à croire que ce qui est vrai des voitures l'est aussi des faisceaux lumineux de leurs phares. Cependant, une expérience importante, réalisée par Albert Michelson et Edward Morley en 1887, démontra une fois pour toutes que, quelle que soit la vitesse des véhicules de Pierre et de Paul, la vitesse de la lumière relativement à chacun est toujours de 299 800 km/s. A l'époque où Einstein travaillait sur sa théorie de la relativité restreinte — qu'il publia en 1905 —, les conclusions de Michelson-Morley étaient considérées comme de purs paradoxes, car leurs expériences contredisaient apparemment les lois fondamentales de la mécanique newtonienne.

Einstein commença par tenir pour vraies les données expérimentales. Ainsi, le premier postulat de la relativité restreinte fut que la vitesse de la lumière, lorsque celle-ci se déplace dans un espace vide, est constante pour tout observateur se déplaçant à une vitesse uniforme par rapport à la source lumineuse. Le second postulat d'Einstein fut en fait une extension du principe newtonien de relativité. Les lois de Newton montrent en effet que, pour un observateur se trouvant sur un objet se déplaçant uniformément (par exemple, une voiture ou un avion) et n'ayant aucun moyen de voir le monde « extérieur », il n'est pas possible de déterminer si c'est lui ou le monde extérieur qui se déplace. Einstein en concluait que la cause de l'invariance de la vitesse de la lumière a un rapport avec les moyens par lesquels nous la mesurons. En d'autres termes, quand nous changeons de cadre de référence, il se produit également une transformation dans les instruments de mesure — horloge et règle — de la vitesse de la lumière.

Einstein distingua le temps propre du temps relatif — et la longueur propre de la longueur relative — et remarqua qu'il était plus exact de les considérer comme des propriétés spatiales. Ainsi, nous qui sommes sur Terre possédons le même système de temps et de longueur propres. Dans d'autres cadres de référence — par exemple, à l'intérieur d'un vaisseau spatial à grande vitesse —, les observateurs ont également leur système de temps et de longueur propres. En revanche, *nos* observations de *leurs* horloges et de *leurs* règles font intervenir un temps et une longueur relatifs, et de même pour ceux qui nous observent. Le temps propre et la longueur propre ne varient jamais aux yeux des observateurs situés dans un même cadre de référence, alors que le temps relatif est toujours plus lent que le temps propre et la longueur relative toujours plus courte que la longueur propre.

Ainsi, pour Pierre, le temps se déroule normalement à bord du vaisseau, quelle que soit sa vitesse, tandis que Paul « voit » l'horloge de Pierre ralentir et sa règle se contracter. De même, aux yeux de Pierre, c'est Paul qui se déplace à grande vitesse : il « voit » donc l'horloge de Paul ralentir et sa règle se contracter. Une fois établies ces distinctions entre temps et longueurs propres et relatifs, nous pouvons maintenant examiner les caractéristiques temporelles, choquantes pour l'intuition, qui apparaissent dans le paradoxe des jumeaux.

Supposons ainsi que Pierre se trouve à bord d'un vaisseau spatial à l'arrêt. Sur le plafond de la salle de contrôle se trouve une ampoule et, sur le plancher, un détecteur sensible à la lumière relié à un chronomètre de très grande précision. A un instant donné, Pierre manœuvre un interrupteur, l'ampoule s'allume et le chronomètre se met en marche. Quand la lumière atteint le détecteur, le chronomètre s'arrête. En admettant que la hauteur de la pièce soit de trois mètres, il aura fallu à la lumière 10 nanosecondes[1] pour atteindre le détecteur, du moins selon les mesures de Pierre.

Supposons maintenant que Paul, dans un autre vaisseau spatial, se dirige vers celui de Pierre à une vitesse constante v. Que voit Pierre ? N'oublions pas que, pour Paul, c'est le vaisseau de Pierre qui se déplace, lui-même restant stationnaire. Supposons qu'au moment où Pierre allume l'ampoule le chronomètre de Paul, relié à son propre détecteur, se mette également en route *(Figure 99 A)*. Peu après, Paul se trouve dans la position de la *figure 99 B*. Remarquez que la lumière, dans le vaisseau de Pierre, se dirige vers le bas mais n'a pas encore atteint le détecteur. Enfin, le rayon lumineux atteint ce détecteur et arrête en même temps le chronomètre de Paul au moment où son véhicule passe sous celui de Pierre *(Figure 99 C)*.

---

1. Une nanoseconde est un milliard de fois plus petite qu'une seconde. (N.d.T.)

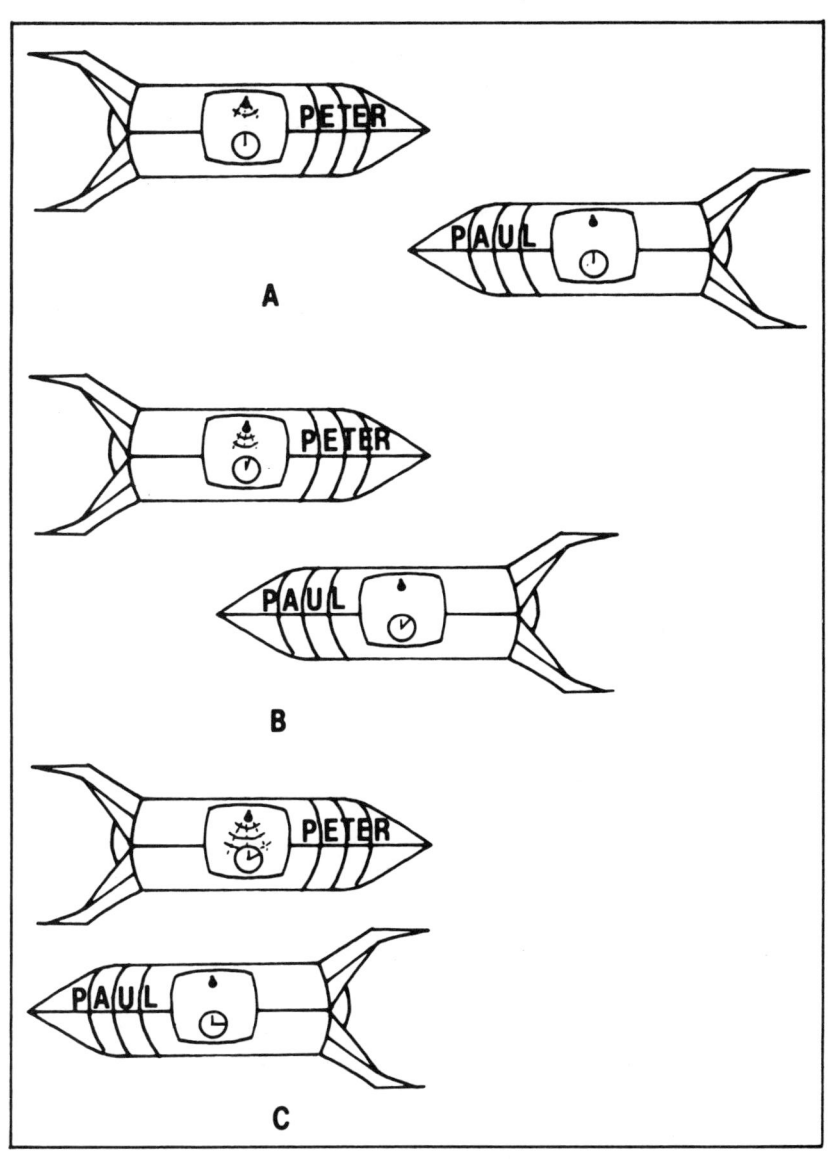

99. Le paradoxe des jumeaux

Comme le montre la *figure 100*, pour Pierre la vitesse de la lumière est représentée par une ligne verticale partant d'un point A du plafond pour arriver en un point B du sol, tandis que pour Paul le rayon suit une trajectoire en diagonale AC. Il est évident que AB est plus court que AC; nous savons pourtant que la vitesse de la lumière est constante. Alors que pour Pierre le temps écoulé est de 10 nanosecondes, Paul, que nous supposons voyager à une vitesse égale à 60 % de la vitesse de la lumière, remarque que l'horloge de Pierre indique 12,5 nanosecondes : la dilatation temporelle est donc de 25 %. Bien sûr, la relation est entièrement symétrique : Paul observe que son chronomètre marque 10 nanosecondes, mais Pierre lit 12,5 nanosecondes sur l'horloge de Paul.

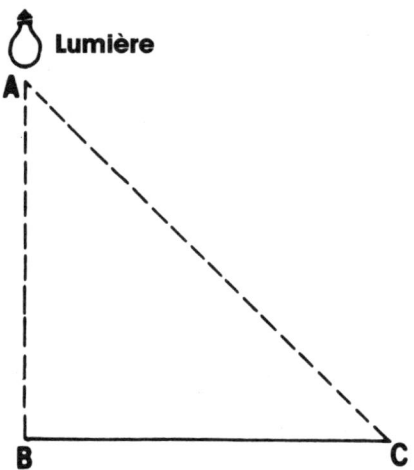

100. Direction en diagonale de la vitesse de la lumière observée par Paul

Dans le phénomène de la dilatation temporelle, il est implicite que, alors que les observateurs d'un même cadre de référence peuvent employer les termes « maintenant », « avant », « après », ces termes ne s'appliqueront pas nécessairement au même événement observé à partir d'un autre cadre de référence. Un observateur A pourra constater que deux événements X et Y se produisent simultanément, tandis qu'un observateur B, se déplaçant dans un autre cadre de référence, verra X se produire avant Y.

La dilatation temporelle n'est pas seulement une pure fiction théorique. De nombreuses expériences ont vérifié que, comme l'avait prouvé Einstein, le temps ralentit quand la vitesse augmente et qu'un objet se contracte proportionnellement à son accélération. Ainsi, en 1971, quatre horloges atomiques furent mises en orbite autour de la Terre, d'abord vers l'est puis vers l'ouest. Quand on compara leurs mesures à celles données par des horloges de contrôle sur Terre, on constata que les premières présentaient un décalage par rapport aux secondes, quoique toutes eussent été synchronisées avant l'expérience. Les différences étaient exactement celles qu'avait prévues la théorie de la relativité.

D'autres expériences portant sur l'accélération de particules subatomiques ont montré que la durée moyenne d'existence de telles particules augmente quand leur vitesse s'accroît, mais cela a lieu de notre point de vue, à cause des mesures que nous utilisons. Du point de vue de la particule elle-même, sa durée est la même, quelle que soit sa vitesse.

Plus on se déplace à grande vitesse, plus, du point de vue de celui qui se déplace, le temps ralentit. Si quelqu'un parvenait à se mouvoir à la vitesse de la lumière, le temps s'arrêterait pour lui. Et qu'adviendrait-il si nous pouvions aller plus vite que la lumière ? Peu après la publication des travaux d'Einstein, certains physiciens ont imaginé des particules se déplaçant à une vitesse supérieure à celle de la lumière, appelées « tachyons ». En 1917, Richard C. Tolman démontra que, si des signaux pouvaient être émis à une telle vitesse, il serait possible de communiquer avec le passé. De tels signaux pourraient être propagés par ce qu'on a appelé plus tard un « antitéléphone à tachyons ». Admettons donc que deux personnes aient à leur disposition pour communiquer une émission de signaux tachyoniques modulés et un appareillage adéquat. Les choses pourraient se passer de la façon suivante :

En rentrant du travail, M. Verpassé achète le journal du soir et constate que les actions des entreprises Paradoxe ont grimpé de vingt points au dernier marché des changes. Une fois chez lui à 19 h, il décroche son antitéléphone tachyonique et appelle son courtier en Bourse, M. Verfutur, de l'agence « Voyance, Sibylle et Verfutur ». Il le joint à l'heure de midi du même jour : « Verfutur, ici Verpassé. Je voudrais réaliser des actions et les placer dans les entreprises Paradoxe. Mais faites vite : avant 13 h. » Verfutur obéit et Verpassé se trouve à la tête d'une petite fortune.

Entre-temps, Verfutur utilise l'information de Verpassé à son profit et à celui de quelques-uns de ses clients importants. Il les appelle et leur donne le tuyau tôt le matin du même jour. Dans son excitation, il appelle Verpassé par inadvertance à 9 h et lui suggère d'acheter les entreprises Paradoxe avant 13 h. Il se passe ici quelque chose d'étrange, car comment Verpassé peut-il recevoir comme un tuyau une information qu'il va transmettre dix heures plus tard à Verfutur ?

La communication avec le passé, rendue possible par l'antitéléphone à tachyons, conduit à des renversements de causalité encore plus frappants. Par exemple, si Verpassé reçoit le tuyau à 9 h, il n'a plus de raison d'appeler Verfutur à 19 h; mais alors, celui-ci ne dispose plus de l'information et ne peut donc appeler son client à 9 h pour la lui donner. Et ainsi de suite.

L'exemple suivant rend le paradoxe plus évident encore. Supposons que nos deux protagonistes passent un accord : Verpassé enverra un message à 19 h si et seulement si il n'en reçoit pas à 13 h. Verfutur téléphone à 13 h aussitôt après un appel de Verpassé à 15 h. Dans ce cas, l'échange des messages a lieu si et seulement si il n'a pas lieu *(Figure 101)*.

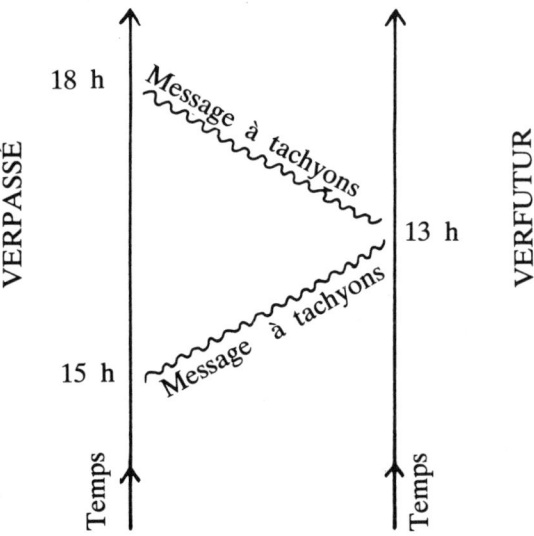

101. Le paradoxe de l'antitéléphone à tachyons

Malgré de nombreuses tentatives, aucune expérience jusqu'à cette date n'est parvenue à prouver l'existence des tachyons. Ce fait même peut être considéré comme paradoxal. En effet, des chercheurs ont montré que des communications tachyoniques renversaient notre conception classique de la causalité : elle passe du type « si... alors... » au schéma « alors... si... », l'effet précédant la cause. En d'autres termes, les résultats expérimentaux précéderaient l'expérience et la réponse serait donnée avant que la question ne soit posée. Comme dans le cas de la communication entre Verpassé et Verfutur, pour que les expériences tachyoniques réussissent, il faut qu'elles échouent — ce qui s'est effectivement passé.

Mais, si l'on n'a pu encore découvrir de particules plus rapides que la lumière, des événements remontant le cours du temps ont été « observés » sur des particules, dans la théorie quantique des champs. En 1949, Richard Feynmann, prix Nobel de physique 1965, démontra que la formule mathématique d'un champ d'électron se propageant en arrière dans le temps est exactement la même que celle d'un champ de positon se propageant en avant dans le temps. Autrement dit, il n'est pas seulement possible, mais préférable, dans certains cas, de considérer une antiparticule comme une particule se déplaçant vers le passé.

La *figure 102* présente un schéma très simple où un électron émet un photon — particule d'énergie — à l'intérieur d'un espace-temps. A l'échelle de l'atome, les « événements » — c'est ainsi qu'on appelle tout ce qui se passe à l'échelon subatomique — font toujours intervenir la destruction de particules et la création de nouvelles. A l'intérieur des coordonnées du schéma,

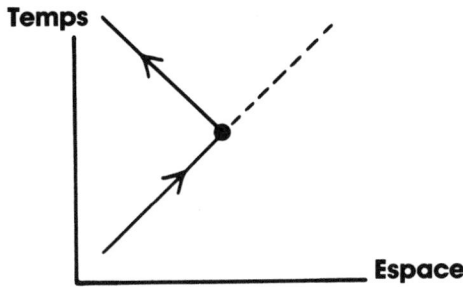

102. Diagramme spatio-temporel de Feynmann d'un électron émettant un photon

la ligne continue en bas à gauche indique le déplacement d'un électron à travers l'espace, à une certaine vitesse. Le gros point représente le point spatio-temporel où l'événement — l'émission du photon — a lieu. Le photon se dirige vers la droite à la vitesse de la lumière, tandis que l'électron, dont la direction se trouve contrariée par l'émission du photon, se déplace vers la gauche avec une quantité de mouvement légèrement inférieure à celle qu'il possédait auparavant.

A l'aide de diagrammes semblables, on peut représenter des événements plus complexes. Ainsi, la *figure 103* montre deux événements subatomiques à l'intérieur d'un même espace-temps. Tout d'abord se produit une collision entre deux photons au point B, créant une paire électron-positon. Puis, au point A, se rencontrent un électron et un positon, ce qui provoque la création de deux photons. Sur la figure, une flèche dirigée vers le haut indique une particule — un électron — et vers le bas une antiparticule — un positon.

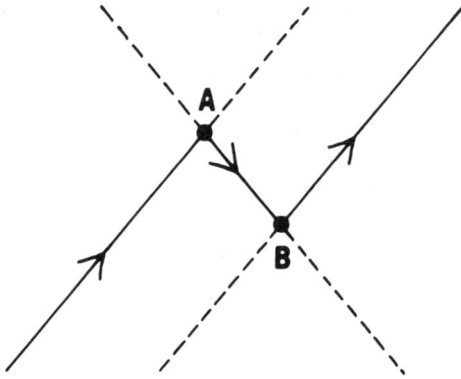

103. Diagramme spatio-temporel de Feynmann de deux événements subatomiques

Gary Zukav note dans *La danse des éléments* : « Nous interprétons ordinairement ces événements de la façon suivante : deux photons se rencontrent en bas et à droite du diagramme, créant une paire électron-positon. L'électron se dirige sur la gauche où il rencontre un autre électron venant de la partie inférieure gauche du diagramme. La destruction mutuelle des deux électrons crée deux photons qui repartent dans des directions opposées.

« Cependant, l'interprétation, différente de la précédente, de la théorie quantique des champs est généralement préférée, car plus simple. Selon cette théorie, il n'existe qu'*une seule* particule. Celle-ci, qui est un électron, entre dans le diagramme en bas à gauche et se dirige en avant dans le temps et l'espace jusqu'à ce qu'elle émette deux photons au point A. Cela provoque son changement de direction dans le temps. Se déplaçant maintenant en arrière, elle absorbe deux photons au point B et change encore une fois sa direction temporelle pour redevenir un électron. Ainsi, au lieu de trois particules, nous n'en avons plus qu'une qui se déplace de gauche à droite, d'abord en avant, puis en arrière, dans le temps, et de nouveau en avant. »

On ne devrait pas considérer un diagramme spatio-temporel comme une chronologie d'événements subatomiques, mais plutôt comme une représentation d'événements qui, du point de vue d'une perspective à quatre dimensions, n'ont pas de temporalité. « Dans l'espace-temps, écrit à ce sujet Louis de Broglie, tout ce qui pour chacun de nous constitue le passé, le présent et le futur est donné en bloc [...]. Chaque observateur, à mesure que le temps passe, découvre, pour ainsi dire, de nouvelles "tranches" d'espace-temps qui lui apparaissent comme des aspects successifs du monde matériel, quoique en réalité l'ensemble des événements constituant l'espace-temps préexiste à la connaissance qu'il en prend. »

Ici, nous avons simplement un moyen d'interpréter un diagramme de Feynmann représentant certains événements subatomiques. Ce n'est pas la seule interprétation, et elle ne veut pas dire que les particules physiques remontent réellement le cours du temps. Le diagramme de Feynmann ne dit en fait pas autre chose que ceci : le champ créé par une antiparticule se déplaçant en avant dans le temps est mathématiquement le même que le champ créé par une particule se déplaçant en arrière dans le temps.

Quoique les particules subatomiques puissent être considérées comme renversant leurs directions temporelles, le second principe de la thermodynamique[1] nous empêche d'en dire autant

---

1. Ce principe établit que « l'énergie mécanique peut se transformer intégralement en énergie calorifique, alors que celle-ci ne peut se transformer en celle-là que sous certaines conditions (coprésence d'une source froide et d'une source chaude) et dans certaines limites, ce qui introduit une irréversibilité fondamentale dans les phénomènes en tant qu'ils consistent en une succession de telles transformations inverses ». (Jean Ullmo, *La pensée scientifique moderne*, p.172). (N.d.T.)

des molécules ou de quoi que ce soit de plus grand. Le temps, de toute apparence, est dépendant de l'« entropie », nom donné à la tendance de tous les systèmes physiques de passer de l'ordre au désordre. Des événements renversant le cours du temps — par exemple, si vous retrouvez votre tasse de café et votre sucre séparés après les avoir mélangés — sont possibles, mais au plus haut point improbables. Les lois de la probabilité nous empêchent d'espérer remonter le temps avec succès, mais les lois de la relativité nous rendent théoriquement possible de voyager dans le futur.

V

PARADOXES DU CHOIX ET DE LA PRÉVISION

20. LE PARADOXE DE L'INTERROGATION SURPRISE

A la fin du cours du vendredi, M. Pico, professeur de logique, annonce à ses étudiants qu'il leur donnera une interrogation surprise, un jour de la semaine suivante. Selon le professeur, les étudiants n'ont aucun moyen de savoir quel sera le jour de l'interrogation avant d'entrer dans la salle de classe et le début de l'épreuve. Ce soir-là, grosse animation au foyer :

— Qu'est-ce qu'il lui a pris, au vieux Pico ? demande Christian, en se moquant de l'intonation du professeur : « Un jour de la semaine prochaine, je vous donnerai une interrogation surprise. Précisons-en les conditions... »

— Quelle différence si nous n'en savons pas la date ? intervient Joseph. Ici, personne n'est capable de la réussir, sauf Danièle.

— Je ne suis pas sûre que l'examen aura lieu, répond celle-ci.

— Es-tu devenue folle ? Tu l'as entendu toi-même : « Un jour, ... »

— Je sais ce qu'il a dit, je l'ai entendu aussi. Mais pourquoi ne réfléchissez-vous pas ?

— Continue !

— Bien. Il a dit que nous ne saurons rien sur l'examen avant le jour où il aura lieu. Dans ce cas, il ne peut pas nous le donner le vendredi parce que, après le cours du jeudi, si de toute la semaine nous n'avons subi aucune épreuve, nous saurons qu'il ne peut nous le donner que le jour suivant. D'accord ?

— D'accord. Mais qu'est-ce que ça change ? Le test ne peut avoir lieu le vendredi, mais il reste les autres jours, dit Christian.

— Oui, répond Danièle, un éclair de triomphe dans les yeux, mais le même argument vaut pour le jeudi. Vous ne comprenez pas ? Nous savons que l'examen ne peut avoir lieu le vendredi. Donc, après le cours du mercredi, si nous n'avons toujours pas subi d'épreuve, nous saurons que ce sera pour le jeudi, et donc elle ne peut avoir lieu le jeudi. C'est aussi vrai pour le mercredi et pour le mardi...

— Alors, nous *savons* que ce sera lundi, non ? demande Christian, confiant.

— C'est juste. Nous savons maintenant que Pico ne peut pas nous faire passer son épreuve lundi sans contredire sa condition stipulant que nous ne pouvons connaître le jour de l'examen à l'avance. Donc, il ne peut pas du tout nous donner l'examen.

— Ça nous aidera beaucoup quand lundi il nous dira de ranger nos documents et de prendre une feuille de papier, dit Christian, peu convaincu.

— Bon. Je ne sais pas ce que vous faites, mais je vais au bureau de Pico. Qui m'accompagne ? demande Danièle.

Les étudiants rejoignent Pico au moment où il s'en allait en week-end. Porte-parole du groupe, Danièle développe son argumentation. Pico se contente de sourire et de dire : « Je suis heureux de voir que vous réfléchissez. » Puis il s'en va.

Les étudiants ne savaient trop que penser de la remarque de Pico. Quand le cours du lundi se fut passé normalement, Danièle et ses camarades en éprouvèrent un grand soulagement. Le mardi s'écoula de même. Le mercredi, le professeur leur dit de ramasser leurs livres et de s'apprêter à subir l'interrogation surprise annoncée le vendredi précédent. A-t-il tenu parole ? Et en quoi le raisonnement de Danièle était-il erroné, s'il l'était ?

De toute évidence, Pico n'a pas violé sa parole. L'examen était totalement inattendu quand il l'a donné, c'est-à-dire que les étudiants ne savaient pas le jour où il aurait lieu avant de s'être installés dans la salle de classe. Mais les problèmes logiques découlant du paradoxe de l'interrogation surprise sont beaucoup plus complexes.

Ce paradoxe remonte à une émission de la radio suédoise pendant la Seconde Guerre mondiale. Le speaker annonçait un exercice de défense civile qui devait avoir lieu l'un des jours de la semaine suivante; mais, afin d'être certain que les unités soient réellement prêtes, personne ne devait savoir à l'avance le jour où l'exercice aurait lieu. Les propriétés paradoxales de ce problème furent remarquées par le Suédois Lennart Ekbom, professeur de mathématiques, qui en discuta avec ses élèves. Le paradoxe fut publié pour la première fois en 1948 dans *Mind*.

Pour mieux saisir les complexités de l'argumentation, il est nécessaire d'identifier et d'examiner les énoncés qu'elle contient. Dans la version de l'interrogation surprise, les deux assertions du professeur — « Il y aura un examen l'un des jours de la semaine prochaine » et « Les étudiants ne connaîtront pas la date de l'examen avant qu'il ne soit donné » — sont les prémisses de l'argumentation. Mais, comme le remarque Thomas O'Beirne dans un article de 1965, il y a une troisième assertion implicite qu'on peut formuler ainsi : « Les étudiants doivent considérer les deux assertions du professeur comme inconditionnellement vraies. »

Si nous tenons la première prémisse pour vraie, il est raisonnable d'en conclure que, si le vendredi arrive sans que l'examen n'ait eu lieu, il faut qu'il soit donné le vendredi. Cependant, la vérité de la troisième prémisse — l'assertion cachée que les deux premières sont vraies — implique que les étudiants sauraient à la fin de la journée du jeudi qu'il y aura examen le jour suivant. Or, si nous tenons pour vraie la deuxième prémisse, il est impossible aux étudiants de s'attendre à un examen à un moment donné. La contradiction est d'abord évitée par la conclusion que le vendredi ne peut arriver sans que l'examen n'ait déjà eu lieu. Comme nous l'avons vu, cette conclusion ne fournit qu'une solution temporaire, car elle nous amène en fait à prouver que l'examen ne peut avoir lieu — logiquement — au moment où il doit avoir lieu, du moins, si nous admettons que la première prémisse est vraie.

Selon O'Beirne, le paradoxe surgit du fait que nous tenons les *trois* prémisses — dont celle qui affirme que les deux autres sont vraies — pour inconditionnellement vraies. En fait, ces trois prémisses ne peuvent être vraies toutes les trois : au moins l'une doit être fausse, sinon, comme nous venons de le voir, nous sommes amenés à en tirer des conclusions contradictoires. O'Beirne ajoute : « Cela signifie que, *si* nos deux premières prémisses *sont* vraies, il devient *logiquement absurde* de soutenir que les élèves, par quelque moyen que ce soit, puissent être réellement *convaincus* que ces deux prémisses sont vraies : car c'est *cela* qui mène aux contradictions. La *vérité* des deux énoncés et la justification du droit des élèves à *affirmer* cette vérité sont deux choses entièrement différentes; et si les deux premiers énoncés *sont réellement vrais*, ce fait même doit — en toute logique et de manière automatique — nécessairement *interdire* aux élèves d'*affirmer* qu'ils sont vrais. »

Nous pouvons à présent vérifier facilement que les deux premières prémisses peuvent être vraies, mais seulement si la troisième est fausse. Ainsi, le professeur peut donner son examen n'importe quel jour, même le vendredi, mais les étudiants ne peuvent logiquement pas s'y attendre. Une fois l'épreuve passée, les deux premières propositions sont nécessairement vraies : cela est évident rétrospectivement, mais on ne peut démontrer que ce soit le cas par avance. Or, c'est d'une connaissance préalable de la vérité des énoncés que nous avons besoin pour démontrer que Pico a menti lorsqu'il a annoncé son examen inattendu.

En résumé, O'Beirne soutient qu'un énoncé portant sur un événement futur peut être su vrai par une personne — en l'occurrence, le professeur — et pas par d'autres — ici, les étudiants — dont l'ignorance reste totale jusqu'à l'événement. Les conséquences de ce fait sur la solution du paradoxe ont été clarifiées par Michael Scriven, qui a proposé une autre version du paradoxe où interviennent deux boîtes et un œuf « inattendu ».

Soit donc deux boîtes sur une table. Votre ami vous dit que dans l'une des boîtes se trouve un œuf inattendu. Les boîtes ne peuvent être ouvertes que dans l'ordre : la boîte 1 d'abord, puis la boîte 2. A vous de deviner quelle boîte contient l'œuf. Scriven précise alors ce que veut dire « œuf inattendu » : il ne peut être considéré comme totalement inattendu, puisqu'on nous dit qu'il y a un œuf dans l'une des deux boîtes. D'autre part, si nous ouvrons la boîte 1 et la trouvons vide, il n'y aura rien d'inattendu à découvrir l'œuf dans la boîte 2.

En vous fondant sur ces données, vous allez probablement en conclure que l'œuf se trouve nécessairement dans la boîte 1; mais, s'il se trouve nécessairement dans la boîte 1, il n'est plus inattendu. Il ne peut exister d'œuf inattendu du tout, semble-t-il ! Cependant, ce n'est pas si simple, car votre ami vous répète qu'*il y a* un œuf dans l'une des deux boîtes, et le fait est que vous ne pouvez trouver aucun argument logique pour rejeter cela. De plus, puisque vous ne pouvez décider où se trouve l'œuf, il continue à rester inattendu. Dans un article de 1951, paru dans *Mind*, Scriven argumente de la façon suivante : « Si l'œuf n'était pas dans la boîte 1, nous saurions avant de l'ouvrir qu'il se trouve dans la boîte 2, et il ne serait donc plus inattendu. Ainsi la seule possibilité qui devrait vous donner raison serait qu'il soit dans la boîte 1. Mais, puisque nous nous attendrions à l'y trouver, il ne serait plus inattendu : en fait, l'œuf ne peut pas être inattendu, donc vous avez tort. Nous *n'avons pas* à déterminer dans quelle boîte se trouve l'œuf pour montrer qu'il n'est pas inattendu, mais seulement pour montrer qu'il ne peut à la fois être dans l'une des boîtes et inattendu. Nous étions d'abord déconcertés parce que l'œuf semblait avoir quelque propriété magique qui le faisait s'évanouir à chaque fois que nous déduisions le lieu où il se trouvait. Mais maintenant vous nous dites qu'il y a un œuf réel dans l'une des boîtes et vous avez tort de continuer en disant qu'il ne sera pas inattendu. C'est peut-être à tort que l'on s'y attend, mais seulement si votre propre assertion est fausse. Il y a quelque chose de très bizarre dans l'énoncé : "Un œuf inattendu se trouve dans l'une des boîtes." Cette proposition suggère — du moins, on peut l'entendre ainsi — un certain état de chose : la présence d'un œuf d'une variété spéciale. Mais il ne s'agit pas d'une espèce d'œuf au même titre que les œufs tachetés, les œufs contenant deux jaunes ou les œufs de Pâques. Pas du tout : les œufs qui d'une part sont inattendus — selon les conditions du problème — doivent en même temps être attendus — pour celui qui résout le problème. Cependant l'argumentation procède comme si l'œuf possédait quelque particularité observable, et quand — sur cette supposition — nous avons déduit où il était, l'œuf disparaît comme par enchantement. Le raisonnement, valable pour des œufs pourris ou des œufs d'autruche, dont on assurerait la présence dans l'une des boîtes, ne s'applique plus à des œufs inattendus — ou l'énoncé ne s'applique plus —, parce que l'alternative :

1) il y a nécessairement un œuf inattendu dans la boîte 1 et
2) il y a nécessairement un œuf inattendu dans la boîte 2, n'a de sens que si c'est la personne à qui on présente l'alternative qui doit être surprise par la présence de l'œuf dans l'une des boîtes. Puisque ces énoncés n'ont pas de sens, il n'y a pas de raison de vouloir les rejeter. A plus forte raison, un énoncé équivalent à la disjonction des deux membres d'une telle alternative est dépourvu de signification. »

En fait, nous sommes pris ici dans la ronde sans fin d'un cercle vicieux et d'une contradiction. Nous admettons d'abord que l'affirmation de l'autre personne : « L'œuf sera inattendu », est vraie. Nous en déduisons que l'œuf se trouve dans la boîte 1. Mais, s'il en est ainsi, l'affirmation que l'œuf sera inattendu est fausse. Si cela est exact, nous n'avons plus alors aucune raison d'en inférer que l'œuf se trouve dans la boîte 1 : et si nous ne pouvons le faire, alors l'énoncé : « L'œuf est inattendu » est vrai !

Même si nous soulevons le couvercle de la boîte 1 et qu'elle est vide, avons-nous le droit d'en conclure que l'œuf est dans la boîte 2 ? Hélas non ! car, si nous supposons qu'il y a un œuf dans la boîte 2 et qu'il y est, il n'est pas inattendu comme on nous l'a dit et donc notre ami a menti. Mais, si nous admettons qu'il dit la vérité, il ne peut y avoir d'œuf dans la boîte 2. Pour paraphraser

Willard V. Quine, qui a travaillé sur une autre version du paradoxe, il est essentiel de distinguer entre les quatre possibilités qui s'offrent à la personne qui doit deviner où se trouve l'œuf :
1) Il y a un œuf dans la boîte 2 et maintenant je le sais.
2) Il n'y a pas d'œuf dans la boîte 2 et maintenant je le sais.
3) Il n'y a pas d'œuf dans la boîte 2 et maintenant je l'ignore.
4) Il y a un œuf dans la boîte 2 et maintenant je l'ignore.

Puisque je ne sais pas lequel des deux premiers cas est vrai, je peux les éliminer en tant que possibilités. Les deux derniers sont des possibilités ouvertes, et la quatrième remplirait les conditions posées par la personne qui a mis l'œuf dans la boîte. Elle sait, tout comme le professeur Pico, que sa prédiction de l'imprévisibilité de l'événement est logiquement correcte, mais les autres ne peuvent le savoir, et donc ne peuvent utiliser la prédiction comme la prémisse d'une argumentation concluant à la fausseté de la prédiction.

Contre Quine, on a soutenu que, si le problème est formulé de manière plus précise — par exemple, si Pico disait : « Il y aura un examen l'un des *n* jours prochains, et il sera impossible de déduire par avance quel sera ce jour en se servant de mon affirmation présente comme prémisse de votre argumentation » —, les distinctions de Quine perdent, selon toute apparence, de leur force. D'autres approches du problème, faisant appel à la théorie des ensembles et à celle des probabilités, ont également échoué à fournir une solution entièrement satisfaisante au paradoxe.

21. LE PARADOXE DE LA PRÉDICTION

Supposez qu'un Etre supérieur — un dieu omniscient ou un ordinateur super-intelligent — puisse prédire vos choix dans un jeu particulier avec une exactitude *presque* totale. Le jeu consiste à choisir entre deux boîtes que l'Etre place devant vous et vous pouvez gagner une coquette somme d'argent. On vous donne deux possibilités : ou vous prenez ce qu'il y a dans les deux boîtes ou seulement le contenu de la boîte 2. Le contenu de chaque boîte dépend de ce que l'Etre prédira que vous ferez. Voici les deux prédictions possibles :

1) Si l'Etre prédit que vous choisirez les boîtes 1 et 2, il mettra 100 000 F dans la boîte 1 et rien dans la boîte 2.

2) S'il prédit que vous choisirez la boîte 2 seulement, il mettra encore 100 000 F dans la boîte 1 mais cette fois-ci 10 000 000 F dans la boîte 2.

Si la prédiction de l'Etre est exacte et, autant qu'on le sache, elle l'a toujours été, vous pouvez vous attendre à gagner ou 100 000 F ou 10 000 000 F. Mais il est théoriquement possible, quoique hautement improbable, que l'Etre se trompe. Dans ce cas, on aura l'une des deux solutions suivantes :

3) Si l'Etre prédit que vous choisirez les deux boîtes et que vous choisissiez la boîte 2, vous ne gagnerez rien.

4) S'il prédit que vous choisirez la boîte 2 et que vous choisissiez les deux boîtes, vous aurez gagné les 100 000 F de la boîte 1 *plus* les 10 000 000 F de la boîte 2, soit 10 100 000 F.

L'Etre vous explique le jeu et les quatre solutions possibles, ajoutant que sa prédiction a déjà été faite et qu'il a disposé dans les boîtes l'argent en conséquence. Maintenant c'est à vous de choisir. Quel est le choix le plus avantageux ?

A première vue, il n'y a ici aucun paradoxe, juste une simple question de choix. Pourtant, le paradoxe réside dans le fait que chacun des deux choix peut être justifié d'une manière parfaitement rationnelle et convaincante. Selon Robert Nozick, le problème devient alors de savoir comment l'une de ces argumentations *ne peut pas* s'appliquer légitimement au choix dans cette situation.

C'est Nozick qui attira l'attention des mathématiciens, des philosophes et des savants sur ce paradoxe, dû à William Newcomb. Nozick, qui présenta le problème à beaucoup de ses amis et de ses étudiants, affirme que les gens se partagent également entre les deux choix, chaque groupe apportant des arguments également solides pour justifier sa décision. Les arguments se présentent ainsi :

1) *En faveur du choix de la boîte 2* :

Si vous choisissez les deux boîtes, l'Etre, l'ayant presque certainement prévu, aura mis 100 000 F dans la boîte 1 et rien dans la boîte 2 : vous obtiendrez donc 100 000 F. D'autre part, si vous prenez seulement la boîte 2, l'Etre, l'ayant deviné presque à coup sûr, aura placé 100 000 F dans la boîte 1 et 10 000 000 F dans la boîte 2 : vous êtes dans ce cas presque sûr de gagner 10 000 000 F. De toute évidence, il est préférable pour vous de choisir la boîte 2, car recevoir presque à coup sûr 10 000 000 F vaut mieux que recevoir presque à coup sûr 100 000 F.

2) *En faveur du choix des boîtes 1 et 2* :

Mais on peut aussi tabler sur le fait que la prédiction est déjà faite. En conséquence, l'Etre a déjà placé dans la boîte 2 ou 10 000 000 F ou rien. Cela étant posé, les solutions suivantes sont possibles : si l'Etre a placé 10 000 000 F dans la boîte 2 et que vous choisissiez les deux boîtes, vous n'obtiendrez pas seulement les 10 000 000 F de la boîte 2, mais aussi les 100 000 F de la boîte 1. De plus, si l'Etre n'a rempli que la boîte 1, vous avez là encore tout intérêt à prendre les deux boîtes, car, si vous choisissez la boîte 2 seulement, vous ne gagnerez rien du tout.

Avant tout, il importe d'écarter les solutions spécieuses, ainsi l'idée que vous choisiriez au hasard en refusant de jouer le jeu de l'alternative. Admettons que vous adoptiez cette méthode : l'Etre, le sachant, aura mis 100 000 F dans la boîte 1 et rien dans la boîte 2, comme lorsqu'il prévoyait que vous choisiriez les deux boîtes. En conséquence, vous n'avez aucun avantage à vous fier au hasard. De même, il nous faut écarter l'idée d'une causalité renversée — où l'effet précéderait la cause — qui permettrait à l'Etre de changer sa prédiction, une fois connu votre choix.

Les contradictions de base du problème deviennent évidentes si nous construisons une matrice des gains possibles et si nous en analysons les données (*Figure 104*).

	PRÉDICTION DE L'ÊTRE	
	Boîte 2	Boîtes 1 et 2
VOTRE CHOIX — Boîte 2	10 000 000 F	0 F
VOTRE CHOIX — Boîtes 1 et 2	10 100 000 F	100 000 F

104. Matrice des gains dans le paradoxe de Newcomb

La plupart des analyses du paradoxe de Newcomb font appel à la théorie des jeux. Les spécialistes ont attiré l'attention sur le fait que le problème tient dans l'expression d'un conflit entre deux des principes les plus importants de la théorie des jeux : le principe de « l'utilité attendue » et celui de « dominance ». Le premier principe soutient que, face à plusieurs choix valables, un individu fera le choix susceptible de lui rapporter le maximum d'utilité espérée, ici la plus grosse somme d'argent. Selon ce principe, prendre la boîte 2 constitue le choix le plus rationnel. Bien sûr, la matrice suppose que l'Etre est véridique à 100 %, alors que l'énoncé du problème précise que les prédictions sont « *presque* totalement exactes ». Mais, si nous supposons au minimum qu'il y a une chance sur dix pour que l'Etre se trompe, l'utilité attendue est encore de 9 900 000 F, ce qui est toujours plus que les autres gains possibles, en y appliquant les mêmes probabilités. Le fait est que la boîte 2 constitue encore le meilleur choix selon l'utilité attendue lorsque la probabilité que l'Etre prédise à coup sûr est à peine supérieure à 50 %.

Au contraire, le principe de « dominance » nous oblige à conclure que le choix le plus rationnel est celui des deux boîtes. Selon ce principe, si nous supposons le monde — ou la nature — divisé en « états » et que vous avez avantage à réaliser l'action A plutôt que l'action B dans au moins un état, alors, même si les choix sont indifférents dans les autres états, vous avez encore tout intérêt à choisir l'action A qui « domine » les autres. Examinez la ligne inférieure de la matrice : vous constatez que le choix des deux boîtes est « dominant » parce que, pour chaque état — chaque colonne —, ce choix vous rapporte plus — exactement, 100 000 F de plus — que ce que vous recevriez si vous choisissiez la boîte 2 seule. Le conflit entre le principe de l'utilité attendue — choix de la boîte 2 — et celui de dominance — choix des deux boîtes — est à l'œuvre dans le paradoxe. Quels que soient les arguments apportés, au nom de l'un ou l'autre principe, à l'appui de l'un ou l'autre choix, la situation paradoxale demeure tant que la probabilité que l'Etre prédise la vérité est supérieure à 50 %.

Nozick conseille de choisir les deux boîtes, alors que Newcomb recommandait l'autre choix. Entre les deux camps, les spécialistes se partagent : les arguments de la plupart ne sont que des versions plus ou moins élaborées de ceux présentés ci-dessus. Certains ont pourtant essayé de rattacher le paradoxe au problème philosophique traditionnel du déterminisme et de la volonté libre. Si vous pensez que l'Etre est, comme Dieu, omniscient, vous avez tout intérêt à choisir la boîte 2, quoique dans ce cas votre « choix » ne soit qu'une illusion. Si vous croyez qu'il y ait une possibilité, même mince, que l'Etre se trompe et qu'il vous reste quelque liberté, vous avez, semble-t-il, avantage à prendre les deux boîtes.

Récemment, un spécialiste de la théorie des décisions, John A. Ferejohn, a démontré que, si nous analysons le paradoxe de Newcomb du point de vue de la théorie des décisions et non plus de celui de la théorie des jeux, le conflit apparent entre les principes de dominance et d'utilité s'évanouit. Dans la théorie des décisions, on admet qu'un choix effectué par un individu dans une situation du type de celle de Newcomb ne donne pas lieu à un seul résultat certain et spécifique, mais plutôt à un ensemble de résultats possibles dont les probabilités d'occurrence sont différentes. De ce point de vue, il n'est plus question que vous considériez l'Etre comme faisant une prédiction à partir de votre choix, mais plutôt de savoir si la prédiction est exacte ou non. Ce changement de perspective se représente là encore par une matrice qui nous offre une solution inattendue (*Figure 105*).

		ÉTAT DE LA NATURE	
		Prédiction exacte	Prédiction inexacte
VOTRE CHOIX	Boîte 2	10 000 000 F	0 F
	Boîtes 1 et 2	100 000 F	10 100 000 F

105. Matrice des gains dans le paradoxe de Newcomb selon le modèle de la théorie des décisions

La différence la plus évidente entre les deux matrices est la suivante : dans la première, les choix les plus avantageux sont ceux de la colonne de gauche, l'Etre prédisant que vous allez choisir la boîte 2. Dans la seconde matrice, les deux meilleures solutions dépendent de l'état de la nature qui prévaut, c'est-à-dire de l'exactitude ou non de la prédiction. Pour cette raison, aucun des choix ne prédomine. En conséquence, c'est le principe d'utilité attendue qu'il faut appliquer ici : la boîte 2 est le meilleur choix à faire. Mais, répétons-le, cela n'est vrai que si la probabilité que l'Etre fasse une prédiction exacte est supérieure à 50 %.

22. LE DILEMME DES PRISONNIERS

Un commissaire de police vient d'appréhender deux individus soupçonnés de vol à main armée; il n'a cependant pas assez de preuves contre eux pour les traîner en justice et emporter la conviction du juge. Mais, ayant l'expérience de la justice criminelle et de la mentalité des délinquants, il fait venir les suspects tour à tour dans son bureau et leur propose à chacun un marché. Le commissaire reconnaît que des aveux de l'un des deux lui suffiront. Mais il les lui faut : sans cela, la seule charge qu'il pourra retenir contre eux sera le port d'armes prohibé, passible, disons, d'un an de prison. Voici la proposition du commissaire : si seulement l'un des deux prisonniers avoue, le mouchard sera libre et son complice fera dix ans de prison. Si les deux avouent, chacun n'en fera que cinq. Les suspects ne peuvent, bien sûr, communiquer entre eux. Que vont-ils choisir ?

La solution paraît simple au premier abord : aucun des deux hommes n'avoue, de sorte que chacun ne fera qu'un an de prison, peine minimum. Mais voyons le problème du point de vue de chaque individu. Dans ce cas, la meilleure stratégie est d'avouer, quoi que fasse l'autre. En effet, si le suspect A avoue et que B persiste à nier, A est libre, ce qui est pour lui la meilleure solution. D'autre part, si B avoue également, A s'en trouve mieux d'avoir avoué, puisque, selon l'hypothèse, il ne fera que cinq ans de prison au lieu de dix. On peut tenir le même raisonnement pour le suspect B. Or, si les deux suspects se comportent de cette manière « rationnelle », ils avouent tous les deux, ce qui les amène à subir une peine plus lourde que s'ils avaient nié.

C'est en 1951 que Merrill M. Flood présenta ce paradoxe. La version proposée ici est due à Albert W. Tucker, professeur de mathématiques à l'université de Princeton. Ce problème a provoqué de grands remous dans les théories de la communication et des jeux, surtout dans les recherches sur la coopération et la résolution des conflits.

Comme le paradoxe de la prédiction, celui-ci peut être représenté par une matrice *(Figure 106)*. Elle montre l'alternative qui s'offre à chaque suspect : avouer ou nier. Chaque case comporte deux nombres : celui de droite indique le nombre d'années que A passerait en prison pour chaque choix possible, et celui de gauche concerne B.

SUSPECT A

		Dénégation	Aveu
SUSPECT B	Dénégation	−1 / −1	0 / −10
	Aveu	−10 / 0	−5 / −5

106. Matrice des gains dans le dilemme des prisonniers

La case en haut à gauche représente le gain de chaque prisonnier s'ils adoptent la stratégie de la coopération, c'est-à-dire que, si aucun n'avoue, ils ne font chacun qu'un an de prison. Cependant, ce choix est très aléatoire, car l'autre suspect peut toujours succomber à la tentation et doubler son complice en choisissant pour lui la meilleure solution : la liberté. A l'opposé, la case en bas à droite montre la situation où les deux prisonniers avouent et sont condamnés à cinq ans. Cette situation, contrairement à la stratégie de la coopération, est « en équilibre », c'est-à-dire que, pour chaque suspect, aucune raison ne prédomine de préférer la stratégie de la dénégation à celle de l'aveu. Comme nous l'avons dit plus haut, il s'agit là de la stratégie adoptée sans tenir compte de celle de l'autre. Les spécialistes de la théorie des jeux soutiennent que la dynamique de la situation amène chaque prisonnier à avouer, même s'ils doivent pour cela subir une peine plus lourde que s'ils avaient nié.

De nombreuses expériences, où l'on faisait jouer à des personnes réelles le rôle des prisonniers, ont montré que l'aveu est la tactique la plus souvent adoptée par les participants. Ceux qui tablent sur la stratégie de la coopération et nient sont inévitablement exploités par leurs partenaires. Ces derniers, en refusant de coopérer, obligent généralement les premiers à se retrouver dans une situation de double aveu. De plus, certains facteurs, comme la durée relative des peines et le nombre de jeux réalisés, influent sur les résultats. Mais on parvient parfois à ce que les joueurs coopèrent lorsque la communication entre eux est autorisée, ce qui leur permet de développer une certaine confiance.

Il y a de nombreuses situations analogues au dilemme des prisonniers dans le monde réel. Dans le cadre des relations internationales, l'une des plus citées est celle de la course aux armements entre deux nations rivales. Supposons que les deux nations soient déjà engagées dans cette course. Chacune se trouve face à la même alternative : continuer à dépenser de l'argent en armements, nucléaires ou autres, ou arrêter. Si les deux nations arrêtent, chacune pourra consacrer son budget à des causes pacifiques. Si l'une continue et pas l'autre, alors très vite la première développera une force militaire capable de vaincre la seconde et finira par la placer sous sa coupe. Si les deux pays poursuivent leur course, la situation est pire que la première, car ils ont dépensé des sommes énormes pour des armes dangereuses, sans qu'aucun soit plus puissant que l'autre.

Mais, ici encore, la stratégie la plus bénéfique aux deux, celle de la coopération, est aléatoire, car on risque toujours d'être dupé par son adversaire. Chaque pays est donc poussé à s'armer. Le seul moyen de briser ce schéma est une communication qui permettrait de faire croître la confiance. Cependant, dans le contexte des données du dilemme du prisonnier, il n'y a pas de solution, à moins d'adopter une stratégie faisant appel aux « métajeux ».

C'est en 1971 que le sociologue Nigel Howard formula la théorie des métajeux et l'appliqua au dilemme des prisonniers. Sa solution, qui est plutôt une « métasolution », inclut les réponses de l'un des joueurs dans les stratégies possibles de l'autre, les réponses de celui-ci dans les stratégies conditionnelles du premier, et ainsi de suite. En bref, le jeu fait maintenant intervenir des métastratégies : le problème va être de trouver une règle permettant à un joueur de choisir une stratégie conditionnelle en réponse au choix stratégique opéré par son partenaire.

Ainsi, dans le dilemme simple des prisonniers, chaque suspect a deux choix : avouer ou nier. En supposant que B est confronté à ces choix, le suspect A se trouve face à quatre métastratégies :

1) il peut choisir de nier sans tenir compte du choix de B; 2) il peut choisir d'avouer sans tenir compte du choix de B; 3) il peut reprendre la stratégie de B, quelle qu'elle soit; 4) il peut opter pour la stratégie contraire à celle de B, quelle qu'elle soit. Ces divers choix sont représentés dans la matrice de la *figure 107*.

METASTRATEGIES DU SUSPECT A

STRATÉGIES DU SUSPECT B		(1)	(2)	(3)	(4)
	Dénégation	−1 / −1	0 / −10	−1 / −1	0 / −10
	Aveu	−10 / 0	−5 / −5	−5 / −5	−10 / 0

107. Matrice des gains du métajeu dans le dilemme des prisonniers

Donc, si B choisit de nier sans tenir compte du choix de A et que A choisisse toujours de nier, le gain est $(-1, -1)$. Cependant, comme dans la première version du dilemme, ce choix est instable. Ce n'est que quand ils avouent *tous les deux* que la situation s'équilibre : ils obtiennent alors les mêmes gains $(-5, -5)$ que dans le premier jeu. Le dilemme persiste : tous deux jouent à coup sûr et subissent une punition plus dure que s'ils avaient coopéré.

Cependant, si B peut prévoir les métastratégies de A, il peut alors établir les siennes propres. Pour chacune des quatre métastratégies de A, B en a quatre possibles, au total cela donne soixante-quatre solutions possibles *(Figure 108)*. Dans cette version élaborée du dilemme émergent trois points d'équilibre : deux d'entre eux contiennent le maximum de gains, obtenu par coopération (dénégation). En bref, le comportement coopératif, instable dans la première version du dilemme, se trouve être en équilibre dans le métajeu; c'est-à-dire qu'aucun des suspects, s'il élabore *tout seul* sa stratégie, ne peut faire mieux que de passer de la dénégation à l'aveu. C'est-à-dire que ces nouveaux points d'équilibre représentent le comportement coopératif; la stratégie où A choisit d'adopter la stratégie de B, quelle qu'elle soit, signifie : « Je coopère si et seulement si tu coopères », et le choix de B est : « S'il en est ainsi, je coopère avec toi. »

Ainsi, la coopération de chaque suspect a pour condition la coopération de l'autre. Le raisonnement dans cette métasolution est logiquement irréfutable; mais la solution exige également qu'il y ait communication entre les suspects. En effet, une fois qu'on leur permet de communiquer ouvertement, ils peuvent élaborer des stratégies de coopération et développer la confiance nécessaire pour les concrétiser. Comme l'a remarqué Anatol Rapoport, « il fallait, pour résoudre le paradoxe, introduire un nouveau concept : celui de "stratégie conditionnelle". La

METASTRATEGIES DU SUSPECT A

MÉTASTRATÉGIES DU SUSPECT B	Dénégation quel que soit le choix de B	Aveu quel que soit le choix de B	Adoption de la stratégie de B	Adoption de la stratégie inverse de B
1. D/D/D/D	(−1, −1)	(−10, 0)	(−1, −1)	(−10, 0)
2. D/D/D/A	(−1, −1)	(−10, 0)	(−1, −1)	(0, −10)
3. D/D/A/D	(−1, −1)	(−10, 0)	(−5, −5)	(−10, 0)
4. D/A/D/D	(−1, −1)	(−5, −5)	(−1, −1)	(−10, 0)
5. A/D/D/D	(0, −10)	(−10, 0)	(−1, −1)	(−10, 0)
6. D/D/A/A	(−1, −1)	(−10, 0)	(−5, −5)	(0, −10)
7. D/A/D/A	(−1, −1)	(−5, −5)	(−1, −1)	(0, −10)
8. A/D/D/A	(0, −10)	(−10, 0)	(−1, −1)	(0, −10)
9. D/A/A/D	(−1, −1)	(−5, −5)	(−5, −5)	(−10, 0)
10. A/D/A/D	(0, −10)	(−10, 0)	(−5, −5)	(−10, 0)
11. A/A/D/D	(0, −10)	(−5, −5)	(−1, −1)	(−10, 0)
12. D/A/A/A	(−1, −1)	(−5, −5)	(−5, −5)	(0, −10)
13. A/D/A/A	(0, −10)	(−10, 0)	(−5, −5)	(0, −10)
14. A/A/D/A	(0, −10)	(−5, −5)	(−1, −1)	(0, −10)
15. A/A/A/D	(0, −10)	(−5, −5)	(−5, −5)	(−10, 0)
16. A/A/A/A	(0, −10)	(−5, −5)	(−5, −5)	(0, −10)

108. Matrice des gains du métajeu dans la version d'Howard du dilemme des prisonniers. (D = Dénégation. A = Aveu)

solution d'Howard au dilemme des prisonniers est séduisante car elle se situe dans l'esprit de la méthode qui a marqué la maturation des concepts logiques et mathématiques. Cette méthode parvient à s'échapper du cadre conceptuel dans lequel un paradoxe ou un problème apparemment insoluble est apparu pour placer ce cadre même dans une nouvelle perspective, qui rend évidentes les limites de l'ancien concept. Une fois perçues ces limites, un élargissement du concept se présente de soi-même à l'esprit qui peut alors construire un nouveau cadre conceptuel. »

Steven Brams, spécialiste de théorie des jeux, a appliqué la méthode d'Howard au paradoxe de la prédiction de Newcomb (voir chapitre précédent). Il reformule ce paradoxe en supposant deux joueurs, dont chacun prédit les choix de l'autre avec un degré d'exactitude presque total. Brams a ensuite généralisé la matrice des gains pour chaque joueur et les a combinées. La matrice obtenue est identique dans sa présentation des résultats pour les deux joueurs à la matrice du dilemme des deux prisonniers. De plus, comme on admet que chaque joueur sait que ses choix sont prédits avec une quasi-certitude par l'autre, cette situation rend préférable une stratégie de coopération, si, comme dans le métajeu des prisonniers, la règle de coopération conditionnelle est adoptée d'abord par celui qui commence, puis par l'autre.

Malheureusement, en dépit de la métasolution d'Howard, il est difficile de voir comment on pourrait l'adapter au monde réel, comme dans le cas de la course aux armements. L'ultime tragédie de l'humanité consiste peut-être en ce que les participants aux conférences sur le désarmement opèrent plus souvent à partir de stratégies que de métastratégies.

23. LE PARADOXE DU VOTE

On a souvent proposé, pour qu'un candidat à l'élection présidentielle des États-Unis ne la remporte pas avec une minorité des voix du peuple mais une majorité des voix des grands électeurs, de transformer la procédure actuelle en une consultation populaire directe. Cependant, même de cette manière, avec une minorité de voix, un candidat pourrait gagner. Supposons, par exemple, que nous ayons quatre candidats : le pourcentage des votes pourrait être distribué entre eux de telle sorte qu'un candidat fortement minoritaire parvienne à remporter les élections. Supposons ainsi, en admettant que tous les électeurs votent, que les quatre candidats se partagent en deux libéraux, obtenant chacun 29 %, un modéré, obtenant 12 %, et un conservateur, obtenant 30 % : il serait difficile de prétendre que la majorité des citoyens trouve son compte dans une telle situation, puisque 70 % de la population aurait voté pour quelqu'un d'autre que le vainqueur.

Pour résoudre ce problème, de nombreuses méthodes ont été proposées. Ainsi, il serait possible d'instaurer un second tour entre les deux candidats ayant obtenu le plus grand nombre de suffrages, lorsque aucun ne possède la majorité absolue. Pourtant, cette solution n'est pas non plus exempte de critique, comme nous allons le voir sur un exemple. Soit donc trois candidats : un libéral, un modéré et un conservateur. Supposons que le libéral recueille 45 % des suffrages, le modéré 13 % et le conservateur 42 %. Nous connaissons, de plus, l'échelle des préférences de chaque électeur : les électeurs libéraux préfèrent le libéral au modéré, et celui-ci au conservateur; les électeurs conservateurs préfèrent le conservateur au modéré et celui-ci au libéral; les électeurs modérés sont partagés : sur les 13 %, 11 % préfèrent le modéré au libéral et le libéral au conservateur, et 2 % le modéré au conservateur et celui-ci au libéral. Donc, lors du second tour entre les deux candidats arrivés en tête, c'est le candidat libéral qui l'emportera, avec 56 % des suffrages, comme le montre la *figure 109*. Mais ce résultat est-il vraiment représentatif de la volonté de la majorité des électeurs ?

Premier Tour	Libéral 45 %	Modéré 13 %	Conservateur 42 %
Second Tour			
Libéral contre Conservateur	45 % (Lib.) 11 % (Mod.) 56 % (Total)		42 % (Conserv.) 2 % (Mod.) 44 % (Total)
Modéré contre Libéral	45 % (Lib.)	13 % (Mod.) 42 % (Conserv.) 55 % (Total)	
Modéré contre Conservateur		13 % (Mod.) 45 % (Lib.) 58 % (Total)	42 % (Conserv.)

109. Le paradoxe du vote. Remarquez que le candidat modéré remporterait la victoire au second tour que ce soit contre le libéral ou contre le conservateur. Cependant, au premier tour, c'est lui qui perd.

La réaction immédiate de la plupart des gens est de dire que le vote représente bien sûr la volonté de la majorité. En effet, 56 % ont voté pour le candidat libéral, le conservateur n'obtenant que 44 %. Mais voyons ce qui se serait passé si le libéral s'était retrouvé face au modéré au second tour. Le modéré aurait recueilli 55 % des voix, en admettant qu'il ait obtenu tous les votes conservateurs et le candidat libéral seulement 45 %. De même, opposé au conservateur, le modéré l'aurait emporté avec 58 % des suffrages, puisqu'il aurait bénéficié du vote libéral. Dans ces conditions, comment pouvons-nous encore prétendre que la volonté populaire a été respectée lors du second tour qui a effectivement eu lieu ?

Le paradoxe du vote, découvert par Condorcet au XVIIIe siècle, préoccupa tout au long du XIXe siècle mathématiciens et logiciens, dont Lewis Carroll. Remis à l'honneur dans les années quarante par Duncan Black, ce problème devint partie intégrante de l'œuvre de l'économiste Kenneth Arrow, prix Nobel 1972.

Arrow énonça cinq conditions fondamentales, essentielles à toute démocratie. Morton Davis les résume ainsi en 1980, dans *Mathematically speaking* :
« 1. *La procédure de décision doit présenter un ordre unique de préférence.*
Quelles que soient les préférences des membres de la société, la procédure doit tenir compte d'un et d'un seul ordre de préférence pour la société.
2. *La société doit s'accorder à ses membres.*
Plus les individus préfèrent tel ou tel choix, plus la société doit le préférer aussi. Supposons qu'une procédure de décision marque un ordre de préférence pour la société, ordre fondé sur la volonté de ses membres, préférant X à Y. Si dans l'ordre de préférence intervenait un changement tel que quelques-uns préféreraient X, mais garderaient les mêmes sentiments envers Y, la société devrait là encore préférer X à Y.
3. *Le choix d'une société placée face à une alternative est fondé sur les choix des individus placés devant la même alternative (et aucune autre).*
Supposons que la société préfère X à Y et que les individus changent d'avis quant à d'autres choix possibles, mais non quant à X et Y. Alors, X doit encore être préféré à Y. La décision de la société, quant à la préférence accordée à X sur Y, ne doit pas dépendre de sa préférence de U par rapport à V.
4. *La société ne doit pas préjuger de ses choix.*
Pour deux choix X et Y, il y a nécessairement un certain nombre de préférences individuelles possibles permettant à la société de préférer X à Y. S'il en est autrement, c'est automatiquement que Y est préféré à X et les préférences du groupe ne s'accordent plus à celles de ses membres.
5. *Pour la société, aucun individu ne préjuge des choix.*
Arrow admet qu'il n'y a pas de dictateur, c'est-à-dire que les choix de la société ne sont pas identiques aux choix d'un individu singulier, quel qu'il soit. Si cette condition n'avait pas à être satisfaite, il serait assez facile de trouver un mécanisme électoral, mais Arrow ne le considérerait pas comme représentatif des individus du groupe tout entier. »
Ces conditions sont considérées par la plupart des spécialistes comme des exigences parfaitement raisonnables pour n'importe quelle procédure démocratique de décision se fondant sur les préférences individuelles exprimées au moyen du vote. Mais Arrow démontre en fait qu'un système électoral démocratique

parfait — c'est-à-dire où la majorité l'emporte toujours — est impossible sans violer l'une des cinq conditions de base. Comme l'ont remarqué l'économiste Paul Samuelson, prix Nobel 1970, et de nombreux experts, la preuve d'Arrow a eu un impact aussi retentissant sur les sciences politiques et économiques que les théorèmes d'incomplétude de Kurt Gödel sur la pensée mathématique (voir chap.13).

Du point de vue mathématique, le paradoxe s'enracine dans la nature des relations transitives ou non. La transitivité d'une relation se définit ainsi : soit une relation entre un premier élément et un deuxième élément, si nous avons la même relation entre ce deuxième élément et un troisième, alors la relation a lieu entre le premier et le troisième élément. Par exemple, si X est plus vieux que Y et Y plus vieux que Z, il est clair que X est plus vieux que Z.

Cependant, toutes les relations ne sont pas transitives. Ainsi, si X déteste Y et Y déteste Z, il ne s'ensuit pas que X déteste Z : la haine n'est pas une relation transitive. Dans le cas du paradoxe du vote, les préférences individuelles sont transitives, mais nous n'avons pas le droit de transposer cette transitivité au groupe d'électeurs par un système faisant intervenir la règle du vote majoritaire lorsque deux candidats sont en présence.

C'est ce fait qui rend possible, dans le cas — discuté ci-dessus — de l'élection d'un des trois candidats à la présidence, l'élimination du modéré au premier tour, même s'il l'emportait en face de chacun des deux autres. En d'autres termes, quoique la relation de préférence soit transitive pour un individu, elle ne l'est pas pour la société : une majorité préfère X à Y et une majorité préfère Y à Z, mais, contrairement à ce qu'on pourrait imaginer, cela n'entraîne pas que cette majorité préfère X à Z.

Arrow a en fait démontré que le paradoxe du vote ne dépend pas d'un système électoral quelconque. Tout système faisant appel à une somme de préférences individuelles transitives, et satisfaisant aux cinq conditions démocratiques de base, est sujet au paradoxe. Celui-ci ne peut être évité que si l'on rejette un ou plusieurs de ces principes, ce que les experts en sciences sociales et politiques hésitent à faire. On a proposé la possibilité du tirage au sort d'un dictateur — disons plutôt, d'un juge ou d'un arbitre — qui déciderait quand le système électoral serait incapable de trouver un vainqueur désigné sans ambiguïté par la majorité.

Les spécialistes ont discuté de nombreux exemples empiriques du paradoxe, dégageant ainsi ses implications possibles en stratégie politique. Ainsi, en 1956, un projet de loi, concernant l'aide fédérale à la construction scolaire, fut déposé à la Chambre des représentants des États-Unis. Selon William H. Riker, expert en sciences politiques, la Chambre avait trois possibilités : voter le projet tel quel; voter un amendement supprimant l'aide aux écoles ségrégationnistes; rejeter la proposition.

Les députés se partagèrent donc en trois groupes, dont les ordres de préférence étaient différents. Le premier groupe, composé surtout de démocrates originaires du Sud, était favorable au projet original; ses préférences étaient dans l'ordre : le projet tel quel, pas de projet, le projet amendé. Le deuxième groupe, constitué en grande partie de démocrates du Nord, préférait d'abord le projet amendé — étant pour l'intégration raciale —, puis le projet tel quel, enfin le rejet de la proposition. Le troisième groupe, en majorité républicain, ne voulait pas du projet, mais aurait à la rigueur admis le projet amendé.

La Chambre utilisa un système de vote dit « procédure d'amendement ». Si l'amendement était approuvé lors d'un premier scrutin, le second tour opposerait le projet amendé et le rejet pur et simple. Si l'amendement était rejeté, le second vote aurait lieu entre l'adoption ou non du projet tel quel. Dans la situation qui nous occupe, l'amendement fut approuvé tout d'abord, parce que, selon Riker, les républicains — qui préféraient le rejet — s'allièrent aux démocrates du Nord pour voter l'amendement. Ils adoptèrent cette tactique pour que le second vote ait lieu entre le projet amendé et le rejet. Ainsi, au second tour, les républicains purent-ils voter selon leur préférence et le projet fut rejeté, comme ils le voulaient !

Dans cet exemple, les républicains pratiquèrent un vote « spécieux » pour éviter le pire qui, dans leur cas, était l'adoption du projet original. En votant l'amendement, ils étaient sûrs que la possibilité dont ils ne voulaient pas du tout ne se présenterait pas dans l'alternative du second tour, qui, de fait, opposa le projet amendé au rejet. Si les républicains avaient voté d'abord selon leur préférence réelle, ils auraient eu ensuite le choix entre le projet amendé et le projet tel quel, qui serait probablement passé. En mettant au point une stratégie spécieuse, ils parvinrent à leurs fins.

Depuis les travaux de Duncan Black et de Kenneth Arrow, le paradoxe du vote est devenu le problème le plus célèbre et le plus largement discuté des sciences sociales et politiques. Certains experts s'inquiétèrent du fait qu'un candidat puisse être imposé aux citoyens d'une démocratie, contre les désirs de la population. Mais il leur a été objecté que, en dépit des analyses mathématiques compliquées qu'il engendre, le paradoxe du vote n'a que peu d'incidence sur le monde réel. Néanmoins, d'autres recherches ont montré que le paradoxe a d'autant plus de chances de se produire qu'est plus élevé le nombre d'électeurs ou le nombre de candidats.

L'essence du paradoxe du vote tient dans l'absence de passage rigoureux des préférences individuelles aux préférences de la société. C'est dans de nombreuses situations quotidiennes que nous pouvons constater ce type d'incohérence. Ainsi, la société dépense plus d'argent pour l'armement que pour l'éducation : si l'on organisait un référendum à ce sujet, la préférence des citoyens serait certainement inverse. Comme l'a écrit Steven Brams dans son ouvrage *Les paradoxes en science politique* : « L'enseignement le plus important du paradoxe du vote tient probablement non seulement dans l'existence d'une différence qualitative entre le choix individuel et le choix social, mais — à la réflexion — dans le fait que nous ne devons pas nous attendre à autre chose. »

24. LES PARADOXES DE LA PROBABILITÉ

La pièce du dramaturge anglais Tom Stoppard, *Rosencrantz et Guildenstern sont morts* (1966), s'ouvre sur une scène où les deux héros — personnages secondaires de *Hamlet* — jouent à pile ou face. L'infortuné Guildenstern a lancé quatre-vingt-dix pièces : toutes sont tombées sur face et sont revenues, comme de juste, à Rosencrantz. En dépit de la forte improbabilité d'une telle série, ils savent qu'elle est possible. En fait, leur jeu renouvelle l'un des plus anciens et des plus importants paradoxes de la théorie des probabilités.

Quand les protagonistes sont fatigués de simplement lancer les pièces, Rosencrantz propose une variante : il lancera une pièce jusqu'à ce qu'elle tombe sur face. Si cela arrive dès le premier coup, il donnera 1 F à Guildenstern, au second coup, 2 F, au troisième, 4 F, et ainsi de suite, en doublant la mise à chaque fois avant que la pièce ne tombe sur face.

La question est : quelle somme Guildenstern doit-il payer à Rosencrantz pour avoir quelque chance de gagner à ce jeu ?

Découvert par Nikolaus Bernoulli en 1713, ce problème fut modifié et plus tard publié dans les *Comptes rendus* de l'Académie de Saint-Pétersbourg par son neveu Daniel Bernoulli. Si nous appliquons l'analyse de Bernoulli à la situation imaginée par Stoppard, Guildenstern devrait donner à Rosencrantz une somme d'argent infinie, s'il voulait gagner : en d'autres termes, aucune somme d'argent ne parviendrait à égaliser les chances dans le jeu. Pour comprendre cela, il nous faut considérer la nature des jeux et la méthode de calcul des probabilités pour des événements du type de ceux du paradoxe de Saint-Pétersbourg.

Le problème de base de la théorie des jeux est de déterminer la manière dont un joueur peut obtenir l'utilité maximale, c'est-à-dire le résultat pour lui le plus favorable, ici la plus grande somme d'argent possible. Toutes choses étant égales par ailleurs — ce qu'elles ne sont jamais dans la réalité —, une personne se comportera rationnellement si et seulement si elle agit de la manière qui lui rapportera les gains les plus importants : ainsi, Guildenstern veut obtenir le plus d'argent possible de Rosencrantz, et vice versa. Comment calculer les chances d'avoir un jeu équilibré, en se fondant sur les règles établies au départ ? La probabilité que Rosencrantz tombe sur face dès le premier coup est de 1/2, car une pièce n'a que deux côtés. Donc, nous pouvons attribuer à ce coup une valeur de 0,50 F, puisque 1/2 x 1 F = 0,50 F. Supposons maintenant que ce ne soit qu'au deuxième lancer que la pièce tombe sur face. La probabilité d'une telle série se calcule en multipliant la probabilité que la pièce donne pile la première fois (1/2) et face la seconde (1/2), donc une probabilité de 1/4. La dette de Rosencrantz est ici de 2 F; la valeur attendue par Guildenstern est encore ici de 0,50 F (1/4 x 2 F). La probabilité que face apparaisse pour la première fois au troisième coup est de 1/8 (1/2 x 1/2 x 1/2), la dette est de 4 F, ce qui donne de nouveau comme résultat 0,50 F. On peut, de la même manière, démontrer aisément que la valeur attendue à chaque coup est de 0,50 F.

Mais nous n'avons calculé la valeur que pour chaque coup pris à part. Pour le jeu tout entier, ou la série des coups, nous devons faire la somme des valeurs obtenues à chaque fois. Il s'agira alors d'une série infinie : 1/2 + 1/2 + 1/2 +... Sans tenir compte de la somme d'argent que Guildenstern devra payer à Rosencrantz, il sera en position de gagner s'il joue suffisamment de parties. Naturellement, cela suppose que les deux protagonistes possèdent une somme infinie d'argent et disposent d'un temps infini.

Bien évidemment, aucune de ces hypothèses ne se rencontre dans le monde réel, ce qui rend ce problème intéressant mais purement théorique — sauf peut-être dans le cas de martingales susceptibles de faire un nombre fini de victimes chaque année.

S'il n'est pas possible de jouer un nombre infini de parties ni de mettre en jeu une somme infinie, peut-on au moins engager un pari équilibré contre une banque finie de, disons, 1 000 000 F ? Selon le mathématicien Eugene Northrop, la valeur attendue se montera à la somme plutôt modeste de 10,95 F.

Imaginez maintenant que, dans un casino de Monte-Carlo ou de Deauville, vous observiez un joueur face à un nouveau jeu. Trois cartes — l'une blanche des deux côtés, l'autre rouge des deux côtés, la troisième blanche d'un côté et rouge de l'autre — ont été placées chacune dans un tiroir. Le banquier autorise le joueur à choisir l'un des trois casiers, à en retirer la carte et à poser celle-ci sur la table de telle sorte que seulement l'une de ses faces soit visible. Cette fois-ci, la face découverte est blanche. Le croupier propose au joueur de parier un enjeu égal que l'autre côté de la carte est blanc. Le joueur a-t-il intérêt à accepter ? Si oui, ou si non, pourquoi ? La face cachée de la carte ne peut être que blanche ou rouge. Il semble donc logique à première vue de soutenir qu'il y a 50 % de chances qu'elle soit blanche. En conséquence, la proposition du banquier semble équitable. Or, ce n'est pas le cas. En effet, s'il y a quelque chose que nous apprend la théorie des probabilités, c'est à nous méfier de nos intuitions premières quand nous calculons nos chances.

Nous allons voir plus facilement pourquoi les chances ne sont pas égales en précisant les résultats possibles du jeu. Nous avons trois cartes séparées, mais le fait que nous ayons tiré une carte avec un côté blanc *ne signifie pas* que les deux solutions possibles soient de chances égales, comme nous pourrions le croire. Il existe trois surfaces blanches : l'une sur la carte dont l'autre côté est rouge et les deux autres constituant le recto et le verso d'une même carte, soit $blanc_1$-$blanc_2$, $blanc_2$, $blanc_1$ et blanc-rouge. Nous pouvons donc en conclure que la probabilité que le côté non découvert soit blanc est de 2 sur 3, ce qui est bien plus que les chances que le banquier laisse croire aux joueurs qu'ils possèdent. En fin de compte, le banquier est sûr d'aller loin de cette façon !

Ce paradoxe des trois cartes, formulé ainsi par le mathématicien Warren Weaver en 1950, est une variante du paradoxe des probabilités établi en 1889 par Joseph Bertrand. Il imagina trois boîtes identiques, chacune contenant deux pièces de monnaie : deux pièces d'or dans la première, deux pièces d'argent dans la deuxième et une pièce d'or et une d'argent dans la troisième. Il est clair que les chances que le joueur choisisse la troisième boîte sont de 1/3, puisqu'il y a trois choix également probables et que seul l'un d'entre eux est favorable au joueur. Si nous supposons maintenant que le joueur ait tiré une pièce d'or, la probabilité semble changer. En effet, il ne reste qu'une pièce dans la boîte et elle peut être d'argent ou d'or : les chances semblent donc passer à 1/2.

Pour comprendre l'erreur dans notre manière de penser, examinons cette pièce d'or. De toute évidence, elle provient de la boîte 1 ou de la boîte 3. La probabilité de sélectionner une pièce d'or dans la boîte 1 est de 1 sur 1, c'est-à-dire équivaut à la certitude. La probabilité qu'elle soit tirée de la boîte 3 est de 1/2. Maintenant, la première pièce tirée étant d'or, il est plus probable qu'elle vient de la boîte 1 que de la boîte 3. De même, si le joueur avait tiré une pièce d'argent, il aurait été moins probable qu'elle vienne de la boîte 3 que de la boîte 2. Ainsi, la probabilité que la deuxième pièce tirée soit différente de la première est moindre que la probabilité qu'elle soit la même, quel que soit le métal dont est faite la pièce. Cette probabilité est, comme dans le paradoxe des trois cartes, de 1/3.

Dans certains cas, on peut changer la probabilité du résultat en précisant un détail à l'avance. Examinons ainsi le paradoxe de l'« as surprise », dû au mathématicien Henry Whitehead. La version originale du paradoxe, en 1938, faisait intervenir un jeu de cartes avec une main de 13 cartes, mais une variante à 4 cartes rend le calcul plus simple, tout en accroissant la force du paradoxe. Tel qu'il se présente ici, le problème est dû à Martin Gardner.

Soit donc deux joueurs et un paquet de 4 cartes, comprenant l'as de pique, l'as de cœur, le valet de carreau et le 2 de trèfle. Une fois les cartes battues, le joueur A en tire deux : il les regarde et annonce un as. Quelles sont ses chances d'avoir aussi l'autre as ? Comme le montre la *figure 110*, il y a au moins 6 mains possibles. Ayant annoncé un as, le joueur A se trouve donc nécessairement en possession de l'une des 5 mains comportant un as. Les chances sont ainsi de une sur cinq.

Supposons maintenant que les deux joueurs s'accordent à l'avance sur l'un des deux as — par exemple, l'as de pique — et que, une fois ses cartes en main, le joueur A annonce l'as de pique. Quelle est la probabilité qu'il ait aussi le second as ? Si vous regardez encore une fois les 6 mains possibles, vous pouvez constater que A ne peut avoir que l'une des 3 mains suivantes : as de pique-as de cœur, as de pique-valet de carreau, as de pique-2 de trèfle. Les chances sont donc passées à 1/3, ce qui est mieux que tout à l'heure. Mais pourquoi une connaissance préalable affecte-t-elle la probabilité ?

La différence entre les deux probabilités est due à la manière dont l'information est transmise. Dans les deux cas, on nous demande de prendre en considération un sous-ensemble de toutes les mains possibles, mais ce sous-ensemble est plus grand dans la première situation (5 mains possibles) que dans la seconde (3 mains possibles). Naturellement, à chaque fois, il n'y a qu'une seule main comportant les deux as. Il est important de

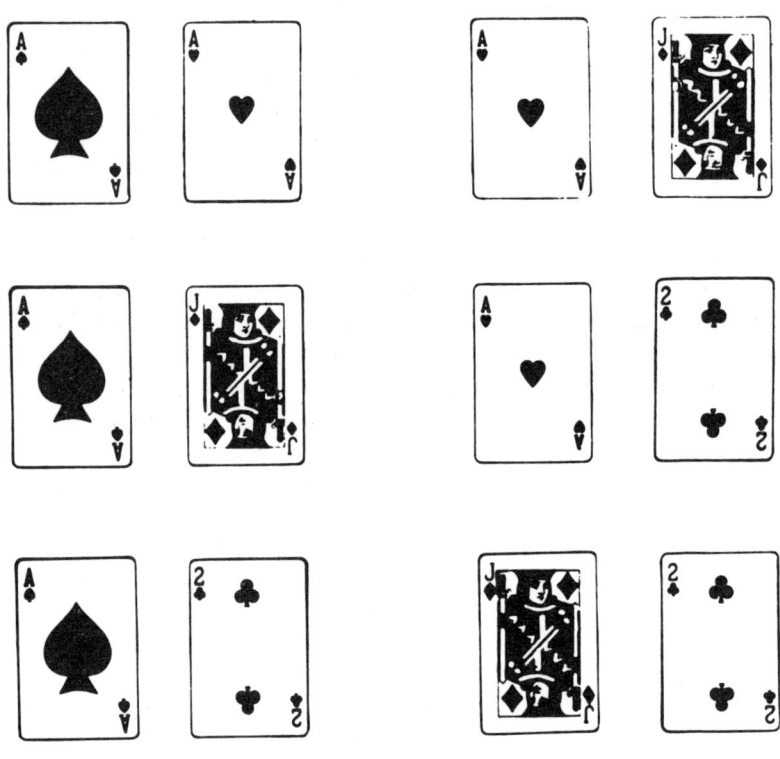

110. Le paradoxe du second as

remarquer que deux conditions sont nécessaires pour que le paradoxe ait lieu : il faut que l'as et la personne qui l'annonce soient précisés à l'avance — ou il n'y a plus de paradoxe.

Proche du précédent, voici le paradoxe des trois prisonniers. Trois condamnés à mort attendent dans une même cellule l'heure fatidique de midi, le jour suivant. Le lendemain matin, un gardien vient leur annoncer que l'un d'entre eux a été gracié, tout en précisant qu'il n'a pas le droit de dévoiler son destin à un inculpé. En dépit de leur insistance, le garde reste muet. Le prisonnier A parvient pourtant à lui parler en privé et le convainc qu'il ne désobéira pas à ses supérieurs s'il lui dit lequel des deux autres condamnés, B ou C, est sûr de mourir : en effet, au moins l'un d'entre eux doit mourir. Après un moment de réflexion, le gardien convient qu'en accédant à la requête de A il ne dévoilera son destin ni à A ni au prisonnier gracié. Il lui déclare donc : « B est sûr de mourir. » A raisonne alors de la manière suivante :

puisqu'il est certain maintenant que B mourra, ses chances de survivre sont passées de 1/3 à 1/2, ce qui est exact !

Le terme *équiprobable* est l'un des plus importants de la théorie des probabilités, quoiqu'il ait été difficile d'arriver à en donner une définition précise. Certains mathématiciens disent que deux événements sont également probables s'il n'y a aucune raison de s'attendre à l'un plutôt qu'à l'autre; en d'autres termes, si nous n'avons aucune raison de préférer un résultat à un autre, il est raisonnable de penser que les chances que l'un ou l'autre événement se produise sont égales. C'est ce qu'on appelle le « principe de raison insuffisante », principe qui peut conduire à des conclusions étonnantes, comme nous allons le voir dans l'exemple suivant, dit « paradoxe de la vie extra-terrestre » ou de « la vie sur Mars ».

Deux savants se trouvent face à face : A tient pour le principe de raison insuffisante et B pense que deux événements sont également probables si et seulement si il y a quelque raison de soupçonner qu'ils existent tous deux (ce qu'on appelle le « principe de raison suffisante »). Supposons que A soit totalement ignorant des faits, quels qu'ils soient, qui permettraient de supposer que la vie existe sur d'autres planètes. Son collègue B lui demande quelles sont les chances, en se fondant sur le principe de raison insuffisante, qu'il y ait des éléphants ailleurs que sur Terre. Avouant son ignorance, A doit en conclure que la probabilité est de 1/2, c'est-à-dire que les événements — existence ou non d'éléphants — sont équiprobables. B lui demande ensuite quelle est la probabilité qu'il y ait des vaches sur d'autres planètes. Là encore, A répond qu'elle est de 1/2. B continue en citant singes, chameaux, lamas, etc., jusqu'à ce qu'il ait passé en revue vingt formes de vie animale. Cela étant posé, les chances que tous ces événements *n'arrivent pas* en même temps sont à peu près de une sur un million. Ce résultat s'obtient en multipliant les probabilités de chaque événement : 1/2 x 1/2 x 1/2 x ..., vingt fois. Si la probabilité qu'aucune de ces formes de vie n'existe sur Mars est de une sur un million, alors la probabilité qu'au moins l'une d'entre elles existe est de neuf cent quatre-vingt-dix-neuf mille neuf cent quatre-vingt-dix-neuf sur un million, ce qui équivaut à une quasi-certitude !

Ce paradoxe est en fait une réduction à l'absurde du principe de raison insuffisante. Si nous supposons que A ignore tout de la possibilité de la vie extra-terrestre et pense que l'existence de formes de vie différentes constitue des événements indépendants — c'est-à-dire que l'existence d'une espèce n'est en aucune façon reliée à l'existence d'une autre —, alors celui qui tient pour le principe de raison insuffisante se trouve pris au piège de sa propre logique. Cependant, ces suppositions, acceptables dans un monde hypothétique, ne sont pas admissibles dans le monde réel, car nous connaissons la possibilité ou non de la vie extra-terrestre et nous n'ignorons pas que les différentes formes de vie sont reliées entre elles. Donc, une fois rejetées les prémisses de A, nous n'avons plus le droit de multiplier les probabilités des événements individuels énumérés par le savant B; et nous pouvons retrouver une partie de notre confiance dans le principe de raison insuffisante.

Un autre type de paradoxes de la probabilité concerne la plus ou moins grande fréquence de coïncidences d'événements. Imaginez ainsi 24 personnes qui ne se connaissent pas : la probabilité que les dates d'anniversaires de deux personnes prises au hasard soient différentes est de 364 sur 365, car il n'y a qu'un seul jour où ces dates peuvent se rencontrer. Supposons maintenant que quelqu'un veuille parier avec vous à deux contre un que, sur les 24 personnes, il y en a 2 qui ont le même anniversaire. Avez-vous intérêt à accepter la gageure ?

Non, direz-vous tout de suite. Vous auriez tort, car les chances que, sur 24 personnes, deux d'entre elles soient nées le même jour de l'année sont supérieures à 50 %. « Comment cela est-il possible ? vous récrierez-vous. Regardez le nombre écrasant de chances en faveur de la différence de dates ! »

Pour comprendre pourquoi la probabilité est supérieure à deux contre un, il nous faut voir comment l'on calcule la probabilité d'événements tels que ceux-là. Il est vrai que la probabilité pour deux personnes quelconques de ne pas avoir le même anniversaire est de 364/365 (pour des raisons de commodité, nous ne tenons pas compte du 29 février). Cependant, la probabilité qu'une troisième personne n'ait pas une date de naissance identique à celle de l'une des deux autres est de 363/365, puisqu'il y a deux jours possibles; pour une quatrième, elle tombe à 362/365 et pour une cinquième à 361/365, et ainsi de suite jusqu'à la vingt-quatrième, pour qui la probabilité est de 342/365. Nous multiplions cette série de fractions, ce qui nous donne un rapport de 46 %, représentant la probabilité que, dans un groupe de 24 personnes, il n'y ait *pas* deux fois la même date de naissance. La probabilité qu'il y ait deux anniversaires communs est de 54 %, ce qui est supérieur à la moitié[1].

De nombreux moyens permettent de vérifier le résultat étonnant du paradoxe de l'anniversaire. Vous pouvez ainsi recueillir 24 dates de naissance de célébrités dans le *Who's Who* ou quelque autre catalogue de présidents, d'écrivains, de savants, etc. Si vous prenez un nombre supérieur à 24, la probabilité augmente bien sûr à proportion de la grandeur du nombre. Pour un groupe de près de 30 personnes, les chances sont à peu près de 65/100 et, s'il y en a 40, elles s'élèvent à 90/100. Pour cent personnes, les chances sont de plus de trois millions contre une !

Dans son ouvrage de 1947, *Un, deux, trois... infini*, George Gamow affirme avoir proposé le problème à un grand nombre de personnes dont des savants renommés : tous ont pensé qu'il était raisonnable d'accepter le pari de l'ami. Comme le remarque Gamow, « le problème des dates de naissance identiques offre un très bel exemple de la façon entièrement erronée dont le sens commun peut juger de la probabilité d'événements complexes ».

Un autre problème qui bouleverse nos intuitions est celui du « petit monde ». Imaginez qu'on vous ait confié un document et que votre tâche soit de le faire parvenir à une personnalité en vue, vivant dans un pays éloigné et que vous ne connaissez pas personnellement. Vous devez suivre la procédure suivante : envoyer le document par la poste à quelqu'un que vous connaissez personnellement et que vous supposez être le mieux placé pour connaître cette personnalité. Cet ami doit faire la même chose, et ainsi de suite. En moyenne, combien pensez-vous qu'il faudra d'intermédiaires avant que le document ne parvienne à destination ?

Cette expérience a été réalisée plusieurs fois sous la direction du Pr Stanley Milgram. Il a constaté que la plupart des gens estimaient que le nombre d'étapes intermédiaires tournerait autour de cent. Or, les résultats de l'expérience prouvèrent qu'il en était autrement : le nombre d'étapes entre la personne de départ et la célébrité varie en fait de un à dix, avec une moyenne de cinq.

---

1. La probabilité de trouver au moins deux dates de naissances identiques peut se calculer pour n'importe quel nombre de personnes en suivant la formule suivante, où n représente le nombre de personnes :
$$1 - \frac{365 \times 364 \times 363 \times \ldots \times (365 - n + 1)}{365^n}$$
(N.d.A.)

Y a-t-il paradoxe à être né un 29 février ? Oui, selon le jeune Frédéric, héros des *Pirates de Penzance* de Gilbert et Sullivan. On lui demande un jour son âge : il réfléchit et, joyeusement surpris, se met à chanter :

« Etrangeté du paradoxe !
Du sens commun comme il se moque !
Si je comptais comme font les gens,
Je serais âgé de vingt et un ans,
Mais, vu le jour de ma naissance,
Je ne suis qu'un gosse de cinq ans ! »

Bien sûr, Frédéric n'a pas cinq ans. Mais comment concilier son âge et son anniversaire, si celui-ci n'a lieu que tous les quatre ans ? Ce paradoxe est de ceux que Quine appelle « verdiculaires[1] » ou « disant la vérité », « un de ces paradoxes qui parviennent à soutenir des absurdités apparentes par une argumentation probante ». Ce qui sous-tend le paradoxe de Frédéric est simplement le fait inattendu qu'il *est* possible à une personne d'avoir un âge supérieur à son nombre d'anniversaires passés. Il apparaît que Frédéric est âgé de $4n$ années, son anniversaire étant le n^{ieme}. Ceci étonne au premier abord car, dans la réalité, la probabilité pour quelqu'un de naître un 29 février est de 1/1 460 !

---

1. Cet adjectif est composé d'après le nom « verdict », du latin médiéval *veredictum*, « véritablement dit ». (N.d.T.)

25. LES PARADOXES DES STATISTIQUES INVERSÉES

Imaginez que sur le bureau d'un officiel de haut rang se trouvent deux boîtes de bonbons, l'une noire et l'autre blanche. Chacune contient un mélange de berlingots à la réglisse et à la menthe, seules gourmandises que se permettre notre personnage haut placé. Au moment considéré, il y a dans la boîte blanche 50 berlingots à la réglisse et 60 à la menthe. Dans la boîte noire, nous en avons 30 à la réglisse et 40 à la menthe. S'il prend sans regarder, quelle boîte doit-il choisir pour avoir plus de chances d'obtenir une réglisse ?

Imaginez maintenant les mêmes boîtes sur le même bureau, mais l'assortiment est différent. La boîte blanche contient 60 bonbons à la réglisse et 30 à la menthe, la noire 90 à la réglisse et 50 à la menthe. On demande là encore quelle est la boîte que doit choisir notre ministre s'il veut avoir la plus forte probabilité de tirer un berlingot à la réglisse ?

Dans le premier cas, la probabilité de tirer une réglisse de la boîte blanche est de 50 sur 110, soit 45 %; de la boîte noire, elle est de 30 sur 70, soit 43 %. L'officiel a donc tout intérêt à choisir la boîte blanche.

Dans le second cas, il y a encore avantage à choisir la boîte blanche (60 sur 90, soit 67 %) plutôt que la boîte noire (90 sur 140, soit 64 %). Jusque-là, rien de paradoxal : il s'agit d'un simple calcul. Supposez maintenant que les contenus des deux boîtes blanches soient mélangés, ainsi que ceux des deux boîtes noires. Quelle boîte doit alors choisir notre ministre s'il veut avoir le plus de chances de savourer une réglisse ?

Si la boîte blanche était le meilleur choix dans les deux premiers cas, elle le sera encore dans celui-ci, nous souffle le sens commun. En d'autres termes, mélanger les bonbons des boîtes d'une même couleur ne devrait rien changer quant à la boîte à choisir pour avoir le plus de chances de tirer une réglisse. Or, en dépit de ce que nous dit le sens commun, il n'en est rien : c'est la boîte noire qu'il faut choisir. En effet, la boîte blanche présente

219

un avantage de 110 sur 200, soit 55 % de chances et la boîte noire un avantage de 120 sur 210, soit 57 % de chances.

Comme on le voit d'après ce simple exemple, il est possible aux données de deux situations différentes d'offrir la même hypothèse, si on les considère séparément, mais d'infirmer cette même hypothèse, si on les considère ensemble. Ce fait statistique courant n'est pas particulièrement inquiétant quand il s'agit de berlingots, mais il peut avoir des implications plus sérieuses dans les domaines médical, économique et autres. Examinons ainsi, dans le domaine des recherches médicales, l'hypothèse suivante de Colin R. Blyth. Ce type de problèmes est appelé « paradoxe de Simpson », du nom du statisticien britannique E. H. Simpson, qui le premier attira l'attention sur lui en 1951.

Soit donc un médecin qui veut comparer l'efficacité du nouveau traitement d'une maladie donnée à celle du traitement habituel. Il pratique ses tests sur les habitants de deux villes : Alphaville et Betaville. Un statisticien lui conseille d'essayer, pour chaque série de 100 malades d'Alphaville, son nouveau traitement sur 91 personnes, et de réserver l'ancien aux 9 autres, en s'assurant que les patients de l'un et l'autre groupe soient pris au hasard parmi les malades. Pour chaque série de 101 personnes atteintes de Betaville, le même statisticien recommande de prescrire le nouveau traitement à un malade seulement, également pris au hasard, et de soigner les autres comme il le faisait auparavant. Les probabilités suggérées par le statisticien sont censées tenir compte approximativement du nombre de patients dont le praticien a besoin et qu'il peut trouver dans chaque ville.

Au bout d'un an, le docteur rassemble les données recueillies en un tableau *(Figure 111)* et en conclut que le nouveau traitement est presque deux fois plus efficace que l'ancien.

Efficacité du traitement	Patients d'Alphaville		Patients de Betaville	
	Ancien traitement	Nouveau traitement	Ancien traitement	Nouveau traitement
Inefficace	950 (95 %)	9 000 (90 %)	5 000 (50 %)	5 (5 %)
Efficace	50 (5 %)	1 000 (10 %)	5 000 (50 %)	95 (95 %)

111. Bilan du médecin dans le paradoxe de Simpson

Le médecin fait part de ces résultats au statisticien qui lui reproche aussitôt de continuer à appliquer le nouveau traitement, de toute évidence le moins efficace. Dérouté, le docteur lui demande sur quelles bases il en arrive à cette conclusion et on lui présente le tableau de la *figure 112*.

Efficacité du traitement	Ancien traitement	Nouveau traitement
Inefficace	5 950 (54 %)	9 005 (89 %)
Efficace	5 050 (46 %)	1 095 (11 %)

112. Bilan du statisticien dans le paradoxe de Simpson

Selon Blyth, la position du docteur est plus solide que celle du statisticien. En tenant compte des données recueillies par le praticien, on aurait pu s'attendre à 10 700 guérisons — au lieu de 6 145 —, si tous les malades avaient eu droit au nouveau traitement; 5 600, s'ils avaient tous subi l'ancienne thérapeutique. Blyth écrit à ce sujet dans un article de 1972 : « La difficulté ne tient pas à une variation des chances — les proportions observées doivent être les vraies, autrement dit, on pourrait multiplier les nombres observés par une constante assez grande pour rendre cela évident. Comme pour tout paradoxe, il n'y a plus rien ici de paradoxal une fois que nous voyons ce qui s'est passé : les malades d'[Alphaville] ont dès le départ beaucoup moins de chances de guérir, et c'est surtout à eux qu'à été appliqué le nouveau traitement; et il est évident qu'un traitement présentera un taux de guérison d'autant plus pauvre que les malades sur lesquels on l'essaie seront plus sérieusement atteints. »

Voici un autre exemple du paradoxe de Simpson, faisant intervenir l'efficacité d'un nouveau médicament selon le sexe des malades. Deux médecins différents constatent que le nouveau produit est plus efficace sur les hommes que sur les femmes *(Figure 113)*.

Selon le docteur A, le nouveau médicament est efficace sur 40 % des hommes, mais seulement sur 33 % des femmes. Le docteur B confirme les résultats de A, en montrant que l'efficacité du produit s'exerce sur 67 % des hommes et sur 60 % des femmes. Mais, si nous combinons les statistiques, les résultats sont très différents *(Figure 114)*.

Efficacité du médicament	Résultats du docteur A		Résultats du docteur B	
	Hommes	Femmes	Hommes	Femmes
Efficace	2 000 (40 %)	1 000 (33 %)	2 000 (67 %)	3 000 (60 %)
Inefficace	3 000 (60 %)	2 000 (67 %)	1 000 (33 %)	2 000 (40 %)

113. Bilan de chacun des deux médecins dans le paradoxe de Simpson

Efficacité du traitement	Résultats combinés	
	Hommes	Femmes
Efficace	4 000 (50 %)	4 000 (50 %)
Inefficace	4 000 (50 %)	4 000 (50 %)

114. Bilans combinés dans le paradoxe de Simpson

Non content d'égaliser les résultats, un autre ensemble de données peut, une fois celles-ci combinées, les inverser complètement. Ainsi, sur le tableau de la *figure 115*, nous voyons que, dans le bilan du docteur A, le médicament est efficace à 43 % sur les hommes et à 33 % sur les femmes et, dans celui du docteur B, à 67 % sur les hommes et à 64 % sur les femmes. Mais les statistiques combinées montrent que le produit n'a d'efficacité que sur 54 % des hommes contre 57 % des femmes. Les résultats se sont donc inversés.

Efficacité du médicament	Résultats du docteur A		Résultats du docteur B		Résultats combinés	
	Hommes	Femmes	Hommes	Femmes	Hommes	Femmes
Efficace	300 (43%)	100 (33%)	400 (67%)	700 (64%)	700 (54%)	800 (57%)
Inefficace	400 (57%)	200 (67%)	200 (33%)	400 (36%)	600 (46%)	600 (43%)

115. Autre exemple d'inversion des résultats dans le paradoxe de Simpson

Pour clarifier l'explication, nous avons donné ci-dessus des exemples hypothétiques. Mais le paradoxe de Simpson se rencontre aussi dans des études statistiques réelles. Ainsi, dans les années 1970, plusieurs analyses indépendantes tendirent à montrer que l'université de Berkeley (Californie) faisait preuve d'un parti pris contre les femmes candidates à la licence : or, une fois qu'on eut combiné les statistiques, on s'aperçut qu'elles se retournaient contre les hommes. De même, s'il est possible, à partir d'observations différentes, d'en conclure qu'un coureur A est favori dans une course contre un coureur B, on peut également démontrer le contraire en combinant les statistiques.

Il est également possible que des données conduisent à deux conclusions différentes, mais infirment la conjonction de ces deux conclusions. Imaginons ainsi la situation suivante, quelque peu fantastique, quoique plausible : quelqu'un désire acheter une voiture à la fois luxueuse et économique. Certaines des automobiles que l'acheteur a en vue sont américaines, les autres européennes. En consommateur avisé, il décide de tester plusieurs automobiles de chaque type : en quinze jours, il essaie ainsi cinq américaines et cinq européennes, toutes de marques différentes. Il en conclut que trois cinquièmes (60 %) des voitures américaines, mais seulement deux cinquièmes (40 %) des européennes répondent à ses critères de luxe; et également que trois cinquièmes (60 %) des américaines et deux cinquièmes (40 %) des européennes sont bon marché.

On pourrait supposer qu'il ne lui reste plus qu'à acheter une voiture américaine s'il veut avoir le plus de chances d'obtenir un véhicule à la fois luxueux et économique. Cependant cela dépend de la manière dont les deux caractéristiques exigées se distribuent entre les deux types d'automobiles *(Figure 116)*.

	LUXUEUSE	BON MARCHÉ
Voiture américaine 1	+	+
Voiture américaine 2	−	+
Voiture américaine 3	−	+
Voiture américaine 4	+	−
Voiture américaine 5	+	−
Voiture européenne 1	+	+
Voiture européenne 2	+	+
Voiture européenne 3	−	−
Voiture européenne 4	−	−
Voiture européenne 5	−	−

116. Le paradoxe des voitures testées

Les résultats du test montrent clairement que les qualités demandées de luxe et d'économie se rencontrent plus souvent dans les voitures américaines que dans les européennes. Mais une seule voiture américaine possède *les deux* avantages à la fois, contre deux des marques européennes. Donc, la conjonction des deux prédicats se trouve plus souvent dans les véhicules européens, en dépit du fait que, pris séparément, chaque avantage est offert plus souvent par les vendeurs américains. La conclusion à tirer est claire : lorsque nous avons affaire aux statistiques, comme aux voitures : *caveat emptor*[1].

---

1. « Que l'acheteur prenne garde ! »

LISTE DES FIGURES

1. *Femme jeune-vieille*, de Boring
2. *Profils ou vase*, de Rubin
3. *Indien ou Esquimau*
4. *Canard ou lapin*
5. *Canard ou chien de chasse*, de Newell
6. *Chien ou chat*, de Newell
7. *Portrait de Madame Quilira*, 1585
8. *Schéhérazade ou prince*, de Rex Whistler
9. *Sherlock Holmes ou Robin des Bois*, de Rex Whistler
10. Le cube réversible de Necker
11. L'escalier réversible de Schröder
12. Le livre réversible de Mach
13. Assemblage de cubes réversibles
14. Projection isométrique d'un cube
15. *Upside down*, de Scott Kim
16. *Infinity*, de Scott Kim
17. Le trident impossible
18. Le quadrilatère impossible
19. Ossature de cube impossible
20. Le triangle impossible de Penrose
21. *Chute d'eau*, d'Escher
22. Structure de base de *Chute d'eau*
23. Maquette en trois dimensions d'un triangle impossible, I
24. Maquette en trois dimensions d'un triangle impossible, II
25. Modèle emboîté d'un triangle impossible
26. Modèle incurvé d'un triangle impossible
27. Preuve de l'impossibilité d'un modèle à trois dimensions d'un triangle impossible
28. Le quadrilatère indéveloppable impossible : illusion à quatre dimensions
29. Comment construire un modèle en trois dimensions du quadrilatère indéveloppable impossible
30. Preuve de l'impossibilité du quadrilatère indéveloppable impossible
31. *Mains dessinant*, d'Escher
32. Surface plane composée de triangles équilatéraux congruents
33. *Jour et nuit*, d'Escher
34. *Limite circulaire IV*, d'Escher
35. *Belvédère*, d'Escher
36. Cubes de Necker
37. *Du haut en bas des escaliers*, d'Escher
38. L'escalier impossible de Penrose
39. Un paradoxe de perspective

40. Illusion de perspective ascendante
41. *Démonstration de perspective*, de Dürer
42. Une anamorphose de Léonard de Vinci
43. *Que voyez-vous ?*, d'Echard Schön
44. *Dehors, vieux fou !* d'Echard Schön
45. *Les ambassadeurs*, de Hans Holbein le Jeune
46. Détail des *Ambassadeurs*
47. Anamorphose à miroir cylindrique, de Kettel
48. *Château*, anamorphose de Schwenck
49. *Fausse perspective*, de Hogarth
50. *En bas et en haut*, d'Escher
51. *Autre monde*, d'Escher
52. *Relativité*, d'Escher
53. La pièce déformée d'Ames
53a. Diagramme de la pièce déformée
54. Deux points de vue sur la chaise d'Ames
55. L'illusion du chapeau haut de forme
56. L'illusion de la ligne horizontale divisée
57. L'illusion de la ligne verticale divisée
58. L'illusion de Ponzo
59. L'illusion de Müller-Lyer
60. Vue intérieure d'un coin
61. Vue extérieure d'un coin
62. L'illusion de Zöllner
63. L'illusion de Hering
64. L'illusion de Wundt
65. Illusion par contraste, I
66. Illusion par contraste, II
67. L'illusion de Poggendorff
68. L'illusion de la spirale
69. L'illusion des cordes de Frazier, I
70. L'illusion des cordes de Frazier, II
71. L'illusion de la grille
72. Illusion par contraste de luminosité
73. Illusion de perception de la taille
74. Illusion du disque coloré
75. L'illusion du fossile concave ou convexe
76. Paradoxe de la ligne disparaissant, I
77. Paradoxe de la ligne disparaissant, II
78. Paradoxe du carré disparaissant, I
79. Paradoxe du carré disparaissant, II
80. Paradoxe de l'œuf disparaissant
81. *Quittez la Terre !* I
82. *Quittez la Terre !* II
83. Paradoxe du lapin disparaissant
84. Comment fabriquer un ruban de Möbius
85. Comment découper un ruban de Möbius
86. Comment fabriquer un double ruban de Möbius
87. *Anneau de Möbius II*, d'Escher
88. Le vase de Klein
89. Le problème de la carte à quatre couleurs

90. Sous-ensembles d'un ensemble à deux éléments
91. Version de Gardner de la preuve diagonale de Cantor
92. Le paradoxe de la course à pied, I
93. *Limite du carré*, d'Escher
94. Le paradoxe de la course à pied, II
95. Le paradoxe d'Achille et la tortue
96. Le paradoxe du stade : position 1
97. Le paradoxe du stade : position 2
98. *Crocodile*, de Harry Furniss, illustration extraite de *Sylvie et Bruno* de Lewis Carroll
99. Le paradoxe des jumeaux
100. Direction en diagonale de la vitesse de la lumière observée par Paul
101. Le paradoxe de l'antitéléphone à tachyons
102. Diagramme spatio-temporel de Feynmann d'un électron émettant un photon
103. Diagramme spatio-temporel de Feynmann de deux événements subatomiques
104. Matrice des gains dans le paradoxe de Newcomb
105. Matrice des gains dans le paradoxe de Newcomb selon le modèle de la théorie des décisions
106. Matrice des gains dans le dilemme des prisonniers
107. Matrice des gains du métajeu dans le dilemme des prisonniers
108. Matrice des gains du métajeu dans la version d'Howard du dilemme des prisonniers
109. Le paradoxe du vote
110. Le paradoxe du second as
111. Bilan du médecin dans le paradoxe de Simpson
112. Bilan du statisticien dans le paradoxe de Simpson
113. Bilan de chacun des deux médecins dans le paradoxe de Simpson
114. Bilans combinés dans le paradoxe de Simpson
115. Autre exemple d'inversion des résultats dans le paradoxe de Simpson
116. Le paradoxe des voitures testées

BIBLIOGRAPHIE

I. PARADOXES VISUELS

Barr, Stephen. *Experiments in Topology*, New York, Crowell, 1964.
Bloomer, Carolyn. *Principles of Visual Perception*, New York, Van Nostrand Reinhold, 1976.
Coxeter, H. S. M. *Introduction to Geometry*, New York, Wiley, 1961.
Descargues, Pierre, *Traités de perspective*, Paris, Ed. du Chêne, 1976.
Ernst, Bruno. *Le miroir magique de M. C. Escher*. Trad. du néerlandais par J. Renault. Paris, Ed. du Chêne, 1976.
Fischer, John, *The Magic of Lewis Carroll*, New York, Simon and Schuster, 1973.
Gardner, Martin. *Mathématiques, magie et mystère*. Trad. R. Rosset, Paris
  The Sixth Book of Mathematical Games from Scientific American, San Francisco, Freeman, 1971.
  Mathematical Carnival, New York, Random House, Vintage Books, 1977.
  Mathematical Magic Show, New York, Knopf, 1977.
  Math' Circus. Trad. J.-P. Labrique, Bibl. « Pour la science », Diffusion Belin, 1982.
Gombrich, Ernst H. *L'art et l'illusion*. Trad. G. Durand, Paris, Gallimard, 1971.
Gregory, Richard L. *The Intelligent Eye*, New York, McGraw-Hill, 1970.
  Concepts and Mechanics of Perception, New York, Scribner, 1974.
Gregory, R. L et Gombrich, E. H., ed. *Illusion in Nature and Art*, New York, Scribner, 1973.
Kasner, Edward et Newman, James R. *Les mathématiques et l'imagination*. Trad. F. Beris et F. Le Lionnais, Paris, Payot, 1970.
Khurgin, Y. *Did You Say Mathematics ?* Trad. G. Yankowsky, Moscou, Mir, 1974.
Kim, Scott. *Inversions*. Peterborough (N. H.), Byte Books, 1981.
  « An Impossible Four-Dimensional Illusion », in David W. Brisson, *Hypergraphics : Visualizing Complex Relationship in Art, Science and Technology*, Boulder (Col.), Westview Press, 1978.
Lanners, Edi, ed. *Illusions*. Trad. M. L. Briand, Paris, Hier et demain, 1975.
Leeman, Fred, Joost Elffers, et Schuyt Mike. *Hidden Images : Games of Perception, Anamorphic Art, and Illusion from the Renaissance to the Present*. Trad. Ellyn Childs et M. L. Kaplan, New York, Abrams, 1976.

Lewitt, Sol. *Incomplete Open Cubes*, New York, John Weber Gallery, 1974.
Locher, J. éd. *Le monde de M. C. Escher*. Trad. du néerlandais par J. A. Renault, Paris, Ed. du Chêne, 1975.
Luckiesh, M. *Visual Illusions : Their Causes, Characteristics, and Applications*, New York, Dover, 1965.
Newell, Peter. *Topsys and Turvys*, 1902, New York, Dover, 1964.
Northrop, Eugene P. *Fantaisies et paradoxes mathématiques*. Trad. J. Bodet. Paris, Dunod, 1972. p.98-118.
Paraquin, Charles H. *Eye Teasers : Optical Illusion Puzzles*, New York, Sterling, 1977.
Penrose, L. S. et R. « Impossible Objects : A Special Type of Illusion », *British Journal of Psychology 49*, 1958.
Ranucci, Ernest R. « Master of Tessellation : M. C. Escher, 1898-1972 », *Mathematics Teacher*, avril 1974.
Stover, Mel. « The Disappearing Man and Other Vanishing Paradoxes », *Games*, nov-déc. 1980.
Teuber, Marianne L. « Sources of Ambiguity in the Prints of M. C. Escher », *Scientific American*, juil. 1974.
Tymoczko, Thomas. « The Four-Color Problem and Its Philosophical Significance », *Journal of Philosophy*, févr. 1979.
Weaver, Warren. « Lewis Carroll and A Geometrical Paradox », *American Mathematical Monthly 45*, 1938.
Whistler, Rex et Laurence. *Aha !* 1946, Boston, Houghton Mifflin, 1979.
XXX. « Les illusions géométriques », *Pour la science 29*, mars 1980.
XXX. « La solution du problème des quatre couleurs », *Pour la science 2*, déc. 1977.

II. PARADOXES DE L'INFINI

Aristote. *Physique*, VI, 239 a. Trad. H. Carteron. Paris, Les Belles-Lettres, 1973.
Baum, Robert. *Logic*. New York, Holt, Rinehart and Winston, 1975.
Benardete, J. A. *Infinity : An Essay in Metaphysics*, London, Oxford University Press, 1964.
Bergson, Henri. *L'évolution créatrice*. Paris, PUF, « Quadrige », 1941, 1983. Chap. 4, p. 272 sq.
Black, Max. *Problems of Analysis*. 1954, Westport (Conn.), Greenwood Press, 1971.
Booth, N. « Zeno's Paradoxes », *Journal of Hellenic Studies*, 1957.
Bunch, Bryan H. *Mathematical Fallacies and Paradoxes*, New York, Van Nostrand Reinhold, 1982.
Campbell, Richmond. « The Sorites Paradoxes », *Philosophical Studies 26*, 1975.
Cargile, James. « The Sorites Paradox », *British Journal for the Philosophy of Science 20*, 1969.
Dretske, Fred I. « Counting to Infinity », *Analysis 25*, 1964-1965.
Edlow, R. Blair. « The Stoics on Ambiguity », *Journal of the History of Philosophy*, oct. 1975.

Ehlers, Henry J. *Logic : Modern and Traditional.* Columbus (O.), Merrill, 1976.
Fogelin, Robert J. *Understanding Arguments*, New York, Harcourt Brace Jovanovich, 1978.
Galilée. *Discours concernant deux sciences nouvelles.* Trad. M. Chavelin, Paris, Armand Colin, 1970.
Gamow, George. *Un, deux, trois... l'infini.* Trad. Gauzit, Paris, Dunod, 1963.
Gardner, Martin. « Some Paradoxes and Puzzles Involving Infinite Series and the Concept of Limit », *Scientific American*, nov. 1964.
« The Infinite Regress in Philosophy, Literature and Mathematical Proof », *Scientific American*, avril 1965.
« The Hierarchy of Infinities and the Problems It Spawns », *Scientific American*, mars 1966.
« Further Encounters With Touching Cubes and the Paradoxes of Zeno as "Supertasks" », *Scientific American*, déc. 1971.
Grünbaum, Adolf. *Modern Science and Zeno's Paradoxes*, Middletown (Conn.), Wesleyan University Press, 1967.
Kasner, Edward et Newman, James R. *Les mathématiques et l'imagination, op. cit.*
Kline, Morris. *Mathematics in Western Culture.* London, Oxford University Press, 1953.
Koyré, Alexandre. *Études d'histoire de la pensée philosophique.* Paris, Gallimard, Coll. « Tel » 57, 1971.
Northrop, Eugene P. *Fantaisies et paradoxes mathématiques. op.cit.* p. 119-167.
Pascal, Blaise. *De l'esprit géométrique*, in *Pensées et opuscules*, Paris, Classiques Hachette, s.d.
Péter, Rósza. *Jeux avec l'infini.* Trad. du hongrois par G. Cassai, Seuil, Coll. « Points », 1977.
Reid, Constance. *From Zero to Infinity*, New York, Crowell, 1964.
Rucker, Rudy. *Infinity and the Mind*, Boston, Brikhäuser, 1982.
Russell, Bertrand. « Historique du problème de l'infini », in *La méthode scientifique en philosophie.* Trad. P. Devaux, Paris, Payot, 1971.
Salmon, Wesley C. ed. *Zeno's Paradoxes*, Indianapolis, Bobbs-Merrill, 1970.
Schlegel, Richard. « Quantum Mechanics and the Paradoxes of Zeno », *American Scientist 36*, 1948.
Siegel, Rudolph. « The Paradoxes of Zeno and Some Similarities Between Ancient Greeks and Modern Thought », *Janus 48*, 1959.
Sondheimer, Ernst et Rogerson, Alan. *Numbers and Infinity*, London, Cambridge University Press, 1981.
Spinoza, B. *Éthique*, I, prop. 15, scolie. Trad. C. Appuhn, Paris, Vrin, 1983.
Thomson, James. « Infinity in Mathematics and Logic », in *The Encyclopaedia of Philosophy*, vol. 3, New York, Macmillan/Free Press, 1967.
« Tasks and Super-tasks », in Salmon, *Zeno's Paradoxes.*
Ushenko, Andrew. « Zeno's Paradoxes », *Mind 55*, 1946.
Vlastos, Gregory. « Zeno of Elea », in *The Encyclopaedia of Philosophy*, vol. 8, *op. cit.*
Whitehead, Alfred N. *Process and Reality*, New York, Macmillan, 1929.

III. PARADOXES LOGIQUES

Aristote. *Des réfutations sophistiques*. Trad. J. Tricot, Paris, Vrin, 1977.
Ashworth, E. J. « The Treatment of the Semantic Paradoxes from 1400 to 1700 », *Notre Dame Journal of Formal Logic*, janv. 1972.
« Will Socrates Cross the Bridge ? A Problem in Mediaeval Logic », *Franciscan Studies 14*, 1976.
Bartley, W. W. III, ed. *Lewis Carroll's Symbolic Logic*, New York, 1977.
Baum, Robert. *Logic*, New York, Holt, Rinehart and Winston, 1975.
Blanché, Robert. *La logique et son histoire d'Aristote à Russell*, Paris, A. Colin, 1970.
Introduction à la logique contemporaine, Paris, A. Colin, Coll. U, 1968.
Brennan, Joseph G. *A Handbook of Logic*, New York, Harper and Row, 1961.
Burks, Arthur W. and Copi, Irving M. « Lewis Carroll's Barber Shop Paradox », *Mind 59*, 1950.
Burnyeat, M. F. « Protagoras and Self-refutation in Later Greek Philosophy », *The Philosophical Review*, janv. 1976.
Cargile, James. *Paradoxes : a Study of Form and Predication*, London, Cambridge University Press, 1979.
Carroll, Lewis. *La logique sans peine*. Trad. J. Gattegno et E. Coumet, Paris, Hermann, 1966, p. 247-253.
Dimitriu, Anton. « The Logico-mathematical Antinomies : Contemporary and Scholastic Solutions », *International Philosophical Quarterly*, sept. 1974.
« The Solution of Logico-Mathematical Paradoxes », *International Philosophical Quarterly*, mars 1969.
Ezorsky, Gertrude. « Performative Theory of Truth », in *The Encyclopaedia of Philosophy*, vol. 6, *op. cit.*
Gardner, Martin. « Logical Paradoxes », *Antioch Review*, été 1963.
Goosens, W. K. « Euathlus and Protagoras », *Logique et analyse*, mars-juin 1977.
Gregory, Joshua C. « Heterological and Homological », *Mind 61*, 1952.
Grelling, Kurt. « The Logical Paradoxes », *Mind 45*, 1936.
Haack, Susan. *Philosophy of Logics*, London, Cambridge University Press, 1978.
Hofstadter, Douglas R. *Gödel, Escher, Bach : an Eternal Golden Brain*, New York, Basic Books, 1979.
Intisar, ul-Haque. *A Critical Study of Logical Paradoxes*, Peshawar, Pakistan, Peshawar University Press, s. d.
Kahane, Howard. *Logic and Philosophy*. Belmont (Cal.), Wadsworth, 1973.
Kripke, Saul. « Outline of a Theory of Truth », *Journal of Philosophy*, nov. 1975.
Lenzen, Wolfgang. « Protagoras versus Euathlus, Reflections on a So-called Paradox », *Ratio*, déc. 1977.
Lewis, C. I. et Langfird, C. H. *Symbolic Logic*, New York, Dover, 1959.

Michael, Emily. « Pierce's Paradoxical Solution to the Liar's Paradox », *Notre Dame Journal of Formal Logic*, juil. 1975.
Mostowski, Andrzej. « Alfred Tarski », in *The Encyclopaedia of Philosophy*, vol. 8, *op. cit.*
Nagel, Ernest et Newman, James R. *Gödel's Proof*, New York, New York University Press, 1958.
Northrop, Eugene P. *Fantaisies et paradoxes mathématiques*, *op. cit.*, p. 198-210.
Parsons, Charles. « The Liar Paradox », *Journal of Philosophical Logic*, oct. 1974.
Prior, A. N. « Correspondance Theory of Truth », in *The Encyclopaedia of Philosophy*, vol. 2, *op. cit.*
Quine, Williard V. *From a Logical Point of View*, New York, Harper and Row, 1961.
The Ways of Paradox and Other Essays, New York, Random House, 1966.
Rucker, Rudy. *Infinity and the Mind*, Boston, Birkhäuser, 1982.
Russell, Bertrand. *The Principles of Mathematics*, New York Norton, 1943.
Russell, B. et Whitehead, A. N. *Principia Mathematica*, London, Cambridge University Press, 1962.
Sidgwick, Alfred. « Hypotheticals in a Context », *Mind 4*, 1895. « A Logical Paradox », *Mind 3*, 1894.
Smullyan, Raymond. *What Is the Name of This Book ?* Englewood Cliffs (N. J.), Prentice-Hall, 1978.
Spade, Paul V. ed. *Peter of Ailly : Concepts and Insolubles*, Dordrecht (Pays-Bas), D. Reidel, 1980.
William Heytesbury's « On Insoluble Sentences », Toronto, Pontifical Institute of Mediaeval Studies, 1979.
The Mediaeval Liar : a Catalog of the Insolubilia Literature, Toronto, Pontifical Institute of Mediaeval Studies, 1975.
Tarski, Alfred. « La conception sémantique de la vérité et les fondements de la sémantique », p. 265-305 et « Sur des énoncés indécidables dans des systèmes logiques élargis et sur le concept de vérité », p. 191-202, in *Logique, sémantique et métamathématique*, tome 2, trad. sous la direction de G. G. Granger, Paris, Armand Colin, 1974.
« Truth and Proof », *Scientific American*, juin 1969.
Teensma, E. *The Paradoxes*, Assen (Pays-Bas), Van Gorcum, 1969.
Ushenko, A. P. « A Note on the Liar Paradox », *Mind 64*, 1955.
Van Heijenoort, John. « Logical Paradoxes », in *The Encyclopaedia of Philosophy*, vol. 5, *op. cit.*
Vax, Louis. *Lexique logique*, Paris, PUF, Coll. « Lexique », 1982.
Wilson, John Cook. « Lewis Carroll's Logical Paradox », *Mind 190*, 1905.

IV. PARADOXES SCIENTIFIQUES

Benford, G. A., Book, W. et Newcomb, W. A. « The Tachyonic Antitelephone », *Physical Review D. : Particles and Fields*, juil. 1970.

Capra, Fritjof. *Le Tao de la physique*. Paris, Tchou, 1979.
Carnap, Rudolf. *Logical Foundations of Probability*, Chicago, University of Chicago Press, 1962.
« Truth and Confirmation », in Foster et Martin ed. *Probability, Confirmation and Simplicity*, New York, Odyssey Press, 1966.
Cohen, Yael. « A New View of Grue », *Zeitschrift für Allgemeine Wissenschaftstheorie 10*, 1979.
Einstein, Albert. *La théorie de la relativité restreinte et générale*. Trad. M. Solovine, Paris, Gauthier-Villars, 1976.
Feyerabend, Paul K. « A Note on Two "Problems" of Induction », *British Journal for the Philosophy of Science 19*, 1968.
Foster, Laurence. « Feyerabend's Solution to the Goodman Paradox », *British Journal for the Philosophy of Science 20*, 1969.
Gardner, Martin. « Can Time Go Backward ? », *Scientific American*, janv. 1967.
« On the Contradictions of Time Travel », *Scientific American*, mai 1974.
« On the Fabric of Inductive Logic and Some Probability Paradoxes », *Scientific American*, mars 1976.
The Relativity Explosion, New York, Random House, 1976.
« On Altering the Past, Delaying the Future, and Other Ways of Tampering with Time », *Scientific American*, mars 1979.
La relativité pour tous. Trad. A. Gosset, Paris, Dunod, 1969.
Goodman, Nelson. *Fact, Fiction and Forecast*, Indianapolis, Bobbs-Merrill, 1965.
Hempel, Carl G. « Studies in the Logic of Confirmation », in Foster et Martin, *Probability, Confirmation and Simplicity*, op. cit.
Hesse, Mary. « Ramifications of "Grue" », *British Journal for the Philosophy of Science 20*, 1969.
Hunt, G. M. K. « Further Ramifications of "Grue" », *British Journal for the Philosophy of Science 20*, 1969.
Kahane, Howard. « Eliminative Confirmation and Paradoxes », *British Journal for the Philosophy of Science*, 1969.
Logic and Philosophy, Belmont (Cal.), Wadsworth, 1973.
Konyndyk, Kenneth Jr. « Solving Goodman's Paradox : a Reply to Stemmer », *Philosophical Studies*, avr. 1980.
Lewis, David. « The Paradoxes of Time Travel », *American Philosophical Quarterly*, avr. 1976.
Lin, Chao-Tien. « Solutions to the Paradoxes of Confirmation, Goodman's Paradox and Two New Theories of Confirmation », *Philosophy of Science 45*, 1968.
Luckenbach, Sidney A. ed. *Probabilities Problems and Paradoxes : Readings in Inductive Logic*. Encino (Cal.), Dickenson, 1972.
Park, David. *The Image of Eternity*. New York, New American Library, 1980.
Priest, Graham. « Gruesome Simplicity », *Philosophy of Science 43*, 1976.
Russell, Bertrand. *The ABC of Relativity*, London, Allen & Unwin, 1958.
Salmon, Wesley C. « Confirmation », *Scientific American*, mai 1973.

Srzednicki, Jan. « The Two Paradoxes of Induction », *Dialectics and Humanism*, printemps 1976.
Stemmer, Nathan. « A Partial Solution to the Goodman Paradox », *Philosophical Scientific 34*, 1978.
Ullmo, Jean. *La pensée scientifique moderne*. Paris, Flammarion, Coll. « Champs », 1969.
Zukav, Gary. *La danse des éléments*. Trad. G. Klein, Paris, Laffont, Coll. « Les vérités incertaines », 1982.

V. PARADOXES DU CHOIX ET DE LA PRÉVISION

Baum, Robert. *Logic, op. cit.*
Bickel, P. J., Hamel A., et O'Connell, J. W. « Sex Bias in Graduate Admissions : Data from Berkeley », *Science*, févr. 1975.
Blyth, Colin. « On Simpson's Paradox and the Sure-things Principle » et « Some Probability Paradoxes in Choice from Among Random Alternative », *Journal of the American Statistical Association*, juin 1972.
Bosch, Jorge. « The Examination Paradox and Formal Prediction », *Logique et Analyse*, sept-déc. 1972.
Brams, Steven J. « A Paradox of Prediction », in *Paradoxes in Politics : an Introduction to the Nonobvious in Political Science*. New York, Free Press, 1976.
Davis, Morton. *La théorie des jeux*. Trad. G. Gaudot, Paris, A. Colin, Coll. U, 1973.
Mathematically Speaking. New York, Hartcourt Brace Jovanovich, 1980.
Fishburn, Peter C. *Les mathématiques de la décision*. Trad. E. Cohen, Paris, Mouton, Gauthier-Villars, 1973.
« Paradoxes of Voting », *American Political Science Review*, juin 1974.
Gamow, George. *Un, deux, trois... l'infini. op. cit.*
Gardner, Martin. *Problèmes et divertissements mathématiques*. Trad. R. Marchand, Paris, Dunod, 1964. Tome 2, p. 44-51.
Le paradoxe du pendu et autres divertissements mathématiques. Trad. C. Roux, Paris, Dunod, 1971, p. 3-15.
« Free-will Revisited, with a Mind-bending Prediction Paradox by William Newcomb », *Scientific American*, juil. 1973.
« On the Fabric of Inductive Logic and Some Probability Paradoxes », *Scientific American*, mars 1976.
« On the Paradoxical Situations That Arise from Non-transitive Relations », *Scientific American*, oct. 1974.
Howard, Nigel. *Paradoxes of Rationality : the Theory of Metagames and Political Behavior*, Cambridge (Mass.), MIT Press, 1971.
Kahane, Howard. *Logic and Philosophy, op. cit.*
Kaplan, David, et Montague, Richard. « A Paradox Regained », *Notre Dame Journal of Formal Logic*, juil. 1960.
Kasner, Edward. *Les mathématiques et l'imagination, op. cit.*
Meldlin, Brian. « The Unexpected Examination », *American Philosophical Quarterly*, janv. 1964.
Meltzer, B., et Good, I. J. « Two Forms of the Prediction Paradox »,

British Journal of the Philosophy of Science 16, 1965.
Niemi, Richard G. et Riker, William H. « The Choice of Voting System », *Scientific American*, juin 1976.
Northrop, Eugene P. *Fantaisies et paradoxes mathématiques*, op. cit., p. 168-197.
Nozick, Robert. « Newcomb's Problem and Two Principles of Choice », in N. Rescher ed. *Essays in Honor of Carl G. Hempel*, Dordrecht (Pays-Bas), D. Reidel, 1970.
O'Beirne, T. H. « Can the Unexpected Never Happen ? » *The New Scientist*, mai 1965.
O'Connor, D. J. « Pragmatic Paradoxes », *Mind 57*, 1948.
« Pragmatic Paradoxes and Fugitive Proposition », *Mind 60*, 1951.
Quine, Willard V. « On a So-called Paradox », *Mind 62*, 1953.
Rapoport, Anatol. « Escape from Paradox », *Scientific American*, juil. 1967.
Rapoport, Anatol, et Chammah, Albert M. *The Prisoner's Dilemma : a Critical Study in Conflict and Cooperation*. Ann Arbor, University of Michigan Press, 1965.
Riker, William H. « Arrow's Theorem and Some Examples of the Paradox of Voting », in John M. Claunch ed. *Mathematical Applications of Political Science*, Dallas, Arnold Foundation of Southern Methodist University, 1969.
Salmon, Wesley. « Confirmation », *Scientific American*, mai 1973.
Scriven, Michael. « Paradoxical Announcements », *Mind 60*, 1951.
Stoppard, Tom. *Rosencrantz et Guildenstern sont morts*. Trad. L. Schaudinn.
Watzlawick, Paul, *La réalité de la réalité*, Paris, Seuil, 1978.
Windt, Peter Y. « The Liar in the Prediction Paradox », *American Philosophical Quarterly*, janv. 1973.
Wright, Crispin, et Sudbury, Aidan. « The Paradox of the Unexpected Examination », *Australasian Journal of Philosophy*, mai 1977.

SOURCES DES ILLUSTRATIONS ET CITATIONS

Illustrations 1, 23 et 24 : *The Intelligent Eye*, de Richard L. Gregory, © 1970 Richard L. Gregory, reproduites avec l'autorisation de McGraw-Hill Book Company.
Illustrations 2, 3, 4, 11, 17, 18, 40, 42, 43, 44, 55, 69, 70, 75 : coll. New York Public Library.
Illustrations 8 et 9 : *Aha !*, de Rex Whistler et Laurence Whistler, © 1946 et 1978 Laurence Whistler, reproduites avec l'autorisation de Houghton Mifflin Compagny.
Illustrations 15 et 16 : *Inversions*, © 1981 Scott Kim.
Illustrations 25, 26, 27, 28, 29, 30 : *An Impossible Four-Dimensional Illusion*, © 1978 Scott Kim.
Illustrations 21, 31, 33, 34, 35, 37, 50, 51, 52, 87 et 93. © Beeldrecht, Amsterdam/Vaga, New York, coll. Haags Gemeentemuseum, La Haye.
Illustrations 36 et 38 : *The Magic Mirror of M.C. Escher*, © 1976 J.A.F. de Rijk.
Illustrations 45 et 46 : *Les Ambassadeurs*, de Hans Holbein le Jeune, reproduit avec l'aimable autorisation de la National Gallery, Londres.
Illustrations 47 et 48 : *Hidden Images*, de Fred Leeman, Joost Elffers et Mike Schuyt, photos de Mike Schuyt, © 1976 Harry Abrams, Inc.
Illustration 53 : *Life*, 16 janvier 1950, photo d'Eric Shaal, © 1950 Time Inc.
Illustration 54 : *Ames Demonstrations in Perception*, de William H. Ittelson, © 1952 Princeton University Press, reproduite avec l'autorisation de William H. Ittelson.
Illustration 83 : © 1955 Paul Curry.
Illustration 91 et citation des pages 104-105 : « The Hierarchy of Infinities and the Problems it Spawns », *Scientific American*, mars 1966, © 1966 Martin Gardner.
Citations des pages 118-119 et 123-124 : *Zeno's Paradoxes*, de Wesley Salmon, © 1970 Bobbs-Merrill Educational Publishing
Citation de la page 206 : *Mathematically Speaking*, de Morton Davis, © 1980 Harcourt Brace Jovanovich, Inc.
Illustration 110 : « Probability Paradoxes », *Mathematical Puzzles and Diversions*, Ed. Simon and Schuster, © 1959 Martin Gardner.

Avec nos remerciements pour la gracieuse autorisation de reproduction

L'impression de ce livre
a été réalisée sur les presses
des Imprimeries Aubin
à Poitiers/Ligugé

pour les Éditions Pierre Belfond

Achevé d'imprimer en novembre 1985
Nº d'édition, 789 — Nº d'impression, L 20683
Dépôt légal, novembre 1985

Imprimé en France